DAS JUDENTUM FÜR ANFÄNGER ERKLÄRT

Ein Leitfaden zur Diskussion Thora und der jüdischen Tradition

Ethan Micah Ariel

Inhaltsverzeichnis

EINFÜHRUNG

Das Judentum ist eine der ältesten Religionen der Welt mit einer reichen Geschichte und einer tiefgreifenden Vielfalt an Überzeugungen und Praktiken. Im Kern ist das Judentum ein monotheistischer Glaube, was bedeutet, dass Juden an einen Gott glauben. Dieser Glaube an einen einzigen, allmächtigen Gott unterscheidet das Judentum von vielen anderen alten Religionen, die an mehrere Götter glaubten. Die Idee eines einzigen Gottes, der das Universum erschaffen hat und weiterhin eine Beziehung zu ihm unterhält, ist grundlegend für das jüdische Denken.

Einer der zentralen Texte im Judentum ist die Thora, die aus den ersten fünf Büchern der hebräischen Bibel besteht. Die Thora enthält nicht nur die Geschichte des jüdischen Volkes, sondern auch die Gebote und Lehren, die das jüdische Leben leiten. Diese Lehren decken jeden Aspekt des Lebens ab, von ethischem Verhalten bis hin zu religiösen Ritualen, und machen die Thora zu einem umfassenden Leitfaden dafür, wie Juden ihr Leben leben sollten. Neben der Thora gibt es weitere wichtige Texte wie den Talmud, die weitere Erläuterungen und Interpretationen jüdischer Gesetze und Traditionen liefern.

Das Judentum legt großen Wert auf Gemeinschaft und Familie. Viele jüdische Bräuche und Feiertage drehen sich um das Zuhause und die Synagoge, wo die Gemeinschaft zusammenkommt, um zu beten, zu lernen und zu feiern. Beispielsweise ist der Sabbat, ein Ruhe- und Gottesdiensttag, der von Freitagabend bis Samstagabend stattfindet, eine Zeit für Familien, sich zu treffen, gemeinsam zu essen und über die Woche nachzudenken. Der Sabbat ist nicht nur ein Ruhetag, sondern auch eine Zeit, sich wieder mit Gott und miteinander zu verbinden.

Ein weiterer wichtiger Aspekt des Judentums ist das Konzept der Mizwot, bei denen es sich um Gebote oder gute Taten handelt. Es gibt 613 Mizwot in der

Tora, die ein breites Spektrum an Handlungen abdecken, von der Ehrung der Eltern bis hin zur Fürsorge für die Armen und Bedürftigen. Diese Mizwot leiten Juden in ihrem täglichen Leben und ermutigen sie, ethisch und mitfühlend zu handeln. Die Idee ist, dass Juden durch die Befolgung dieser Gebote Heiligkeit in ihr Leben und die Welt um sie herum bringen können.

Auch jüdische Feiertage und Feste spielen im Glauben eine bedeutende Rolle. Diese Veranstaltungen erinnern an wichtige Momente in der jüdischen Geschichte und bieten Gelegenheit zum Nachdenken und Feiern. Beispielsweise feiert das Pessachfest die Befreiung der Israeliten aus der Sklaverei in Ägypten und wird durch ein besonderes Mahl namens Seder gefeiert, bei dem die Geschichte des Exodus nacherzählt wird. Chanukka, ein weiterer bekannter Feiertag, feiert die Wiedereinweihung des Zweiten Tempels in Jerusalem und wird begangen, indem acht Nächte lang Kerzen auf einer Menora angezündet werden.

Für die Förderung des interreligiösen Verständnisses und der Wertschätzung ist es wichtig, etwas über das Judentum zu lernen. Durch das Verständnis der Überzeugungen und Praktiken des Judentums können Menschen mit unterschiedlichem Hintergrund die Vielfalt menschlichen Denkens und Erlebens besser einschätzen. Es hilft auch, Stereotypen und Missverständnisse abzubauen, die zu Vorurteilen und Diskriminierung führen können. Wenn man beispielsweise etwas über die jüdische Betonung von ethischem Verhalten und sozialer Gerechtigkeit lernt, kann dies Menschen dazu inspirieren, über ihre eigenen Werte und Handlungen nachzudenken.

Das Judentum lehrt das Konzept von Tikkun Olam, was „die Welt reparieren" bedeutet. Diese Idee ermutigt Juden, sich dafür einzusetzen, die Welt durch freundliche, wohltätige und soziale Gerechtigkeit zu einem besseren Ort zu machen. Es ist ein Aufruf zum Handeln, der bei Menschen aller

Hintergründe Anklang findet und uns alle an unsere Verantwortung erinnert, für andere und unseren Planeten zu sorgen.

Von Bedeutung ist auch die jüdische Bundesvorstellung. Nach jüdischer Tradition schloss Gott einen Bund mit dem jüdischen Volk, angefangen bei Abraham bis hin zu Moses und der Übergabe der Thora. Bei diesem Bund handelt es sich um eine besondere Vereinbarung, die die Verantwortlichkeiten und Verpflichtungen zwischen Gott und dem jüdischen Volk festlegt. Es ist ein zentrales Thema der jüdischen Theologie und prägt das jüdische Verständnis ihrer Beziehung zu Gott.

Gebet und Gottesdienst sind integraler Bestandteil des jüdischen Lebens. Juden beten dreimal am Tag, und diese Gebete beinhalten oft Lobpreisungen an Gott, Bitten um Hilfe und Ausdruck von Dankbarkeit. Viele dieser Gebete finden in der Synagoge statt, einem Ort des Gottesdienstes und der Zusammenkunft der Gemeinschaft. Das gemeinsame Beten stärkt das Gemeinschaftsgefühl und die Verbundenheit mit Gott.

Ein weiterer wichtiger Aspekt des Glaubens sind die jüdischen Speisegesetze, die Kaschrut. Diese Gesetze legen fest, welche Lebensmittel zulässig sind und wie sie zubereitet werden sollen. Beispielsweise dürfen Fleisch und Milchprodukte nicht zusammen verzehrt werden, und bestimmte Tiere, wie zum Beispiel Schweine, sind nicht koscher und können nicht gegessen werden. Diese Ernährungsgesetze werden befolgt, um den Geboten Gottes zu gehorchen und im Alltag ein Gefühl der Heiligkeit zu bewahren.

Das Judentum legt auch großen Wert auf Bildung und das Studium heiliger Texte. Schon in jungen Jahren wird jüdischen Kindern beigebracht, die Thora und andere religiöse Texte zu lesen und zu studieren. Diese Tradition des Lernens setzt sich das ganze Leben eines Juden hindurch fort, wobei Lernsitzungen, Diskussionen und Vorträge einen wichtigen Teil der jüdischen Kultur bilden. Der Wert, der auf Bildung gelegt wird, hat der jüdischen Gemeinschaft im Laufe der Jahrhunderte geholfen, ein starkes intellektuelles und kulturelles Erbe zu bewahren.

Durch das Verständnis dieser Grundprinzipien und Grundüberzeugungen des Judentums kann man eine tiefere Wertschätzung für den Reichtum und die Vielfalt des jüdischen Lebens erlangen. Das Lernen über das Judentum bereichert nicht nur unser Wissen über die Welt, sondern fördert auch Respekt und Empathie für diejenigen, die diesem alten und dauerhaften Glauben folgen. Durch dieses Verständnis können wir Brücken zwischen verschiedenen Gemeinschaften bauen und gemeinsam auf eine integrativere und harmonischere Welt hinarbeiten.

KAPITEL 1

Die Ursprünge des Judentums

Die Patriarchen: Abraham, Isaak und Jakob

Das Judentum, eine der ältesten Religionen der Welt, geht auf drei Schlüsselfiguren zurück, die als Patriarchen bekannt sind: Abraham, Isaak und Jakob. Diese Personen sind von zentraler Bedeutung für die jüdische Geschichte und den jüdischen Glauben und spielen jeweils eine entscheidende Rolle bei der Entstehung und Entwicklung des jüdischen Glaubens. Das Verständnis ihres Lebens und ihrer Bedeutung hilft, die Grundlagen zu verstehen, auf denen das Judentum aufgebaut ist.

Abraham, ursprünglich Abram genannt, wird oft als „Vater des Monotheismus" bezeichnet, weil er als der erste Mensch gilt, der die Idee eines einzigen Gottes lehrte. Der Thora zufolge wurde Abraham in der Stadt Ur in Mesopotamien geboren. Er wurde von Gott dazu berufen, seine Heimat zu verlassen und in ein neues Land zu reisen, das Gott ihm zeigen würde. Diese Reise führte Abraham in das Land Kanaan, das später das Land Israel werden sollte. Gottes Ruf an Abraham beinhaltete ein Versprechen: Abraham würde der Vater einer großen Nation werden und durch seine Nachkommen würden alle Familien der Erde gesegnet werden.

Abrahams Reise war nicht nur körperlich, sondern auch spirituell. Er bewies unerschütterlichen Glauben an Gott, selbst wenn er schwierigen Prüfungen gegenüberstand. Eine der berühmtesten Prüfungen war, als Gott Abraham aufforderte, seinen Sohn Isaak zu opfern. Obwohl diese Bitte unglaublich schwierig war, bereitete sich Abraham darauf vor, zu gehorchen. Im letzten Moment hielt ihn ein Engel auf und Gott stellte stattdessen einen Widder zum Opfern zur Verfügung. Diese Geschichte gilt als tiefgreifendes Beispiel für Abrahams Glauben und Gehorsam und unterstreicht die Bedeutung des Vertrauens auf Gott im Judentum.

Abrahams Bedeutung liegt auch in dem Bund, den Gott mit ihm geschlossen hat. Dieser Bund war eine verbindliche Vereinbarung, in der Gott versprach, Abrahams Nachkommen zahlreich zu machen und ihnen das Land Kanaan zu geben. Im Gegenzug sollten Abraham und seine Nachkommen Gott treu bleiben und seine Gebote befolgen. Dieser Bund ist grundlegend für das Judentum, da er die besondere Beziehung zwischen Gott und dem jüdischen Volk begründet.

Isaak, der Sohn Abrahams und Sarahs, führte das Erbe seines Vaters fort. Obwohl sein Leben im Vergleich weniger ereignisreich war, war es für die

Entwicklung des Judentums gleichermaßen wichtig. Isaacs Name, der „er wird lachen" bedeutet, spiegelt die Freude und Überraschung seiner Eltern wider, die ihn im hohen Alter zur Welt brachten. Isaaks bemerkenswerteste Geschichte in der Tora handelt von seiner Beinahe-Opferung durch Abraham, die seine Rolle als Schlüsselfigur in der jüdischen Geschichte festigte.

Isaak heiratete Rebekka und sie hatten zwei Söhne, Esau und Jakob. Die Geschichte von Isaacs Familie ist voller Lektionen über Glauben, Familiendynamik und Gottes Plan. Isaaks Segnungen und Interaktionen mit seinen Söhnen bereiteten den Weg für das nächste Kapitel der jüdischen Geschichte. Trotz seines ruhigeren Lebens waren Isaaks Standhaftigkeit und sein Glaube an Gottes Verheißungen entscheidend für die Aufrechterhaltung des mit Abraham geschlossenen Bundes.

Jakob, der jüngere Sohn von Isaak und Rebekka, ist eine weitere Schlüsselfigur in der jüdischen Geschichte. Er ist auch als Israel bekannt, ein Name, den Gott ihm nach einer mysteriösen Begegnung gab, bei der er mit einem Engel rang. Dieses Ereignis ist ein Symbol für Jakobs Mühen und Beharrlichkeit sowie für seine tiefe Verbundenheit mit Gott. Jakobs neuer Name, Israel, wurde später zum Namen der jüdischen Nation.

Jakobs Leben war von einer Reihe bedeutender Ereignisse geprägt, die die Zukunft des jüdischen Volkes prägten. Eine der bemerkenswertesten ist seine Reise nach Haran, wohin er floh, um dem Zorn seines Bruders Esau zu entkommen. Während dieser Reise träumte Jakob von einer Leiter, die zum Himmel reichte und auf der Engel auf- und niederstiegen. In diesem Traum bekräftigte Gott den mit Abraham und Isaak geschlossenen Bund und versprach Jakob, dass seine Nachkommen das Land erben und so zahlreich sein würden wie der Staub der Erde. Dieser Traum wird oft als Jakobsleiter bezeichnet und symbolisiert die Verbindung zwischen Himmel und Erde sowie Gottes anhaltende Führung und Schutz.

In Haran arbeitete Jakob für seinen Onkel Laban und heiratete seine Cousinen Lea und Rachel. Aus diesen Ehen hatte Jakob zwölf Söhne und eine Tochter. Diese Söhne würden die Vorfahren der Zwölf Stämme Israels werden, wobei jeder Stamm eine einzigartige Rolle in der Geschichte des jüdischen Volkes spielte. Jacobs Familienerlebnisse, darunter seine Liebe zu Rachel und die Herausforderungen mit Laban, spiegeln Themen wie Ausdauer, Glauben und die Komplexität familiärer Beziehungen wider.

Eine der dramatischsten Geschichten in Jakobs Leben ist seine Wiedervereinigung mit Esau. Nach vielen Jahren kehrte Jakob aus Angst vor Esaus Rache nach Kanaan zurück. Ihr Treffen erwies sich jedoch als ein Treffen der Versöhnung und Vergebung und zeigte die Kraft der Heilung und der

Einheit der Familie. Dieses Ereignis zeigte auch Jakobs Wachstum und seine Fähigkeit, trotz früherer Konflikte auf Gottes Plan zu vertrauen.

Jakobs spätere Jahre waren geprägt von der Reise seiner Familie nach Ägypten. Dieser Schritt wurde durch eine schwere Hungersnot ausgelöst und von Joseph, einem von Jakobs Söhnen, inszeniert, der in Ägypten zu einer Machtposition aufgestiegen war. Josephs Geschichte voller Themen wie Verrat, Widerstandsfähigkeit und Vergebung ist von wesentlicher Bedeutung für das Verständnis des Überlebens und der Kontinuität des jüdischen Volkes. Jakobs Auswanderung nach Ägypten bereitete die Bühne für die schließliche Versklavung der Israeliten und ihre anschließende Befreiung, eine zentrale Erzählung in der jüdischen Geschichte, die während des Pessachfestes gefeiert wird.

Das Leben Abrahams, Isaaks und Jakobs ist mit den Versprechen und Herausforderungen verknüpft, die das frühe jüdische Volk prägten. Abrahams Glaubensweg und der Abschluss des Bundes mit Gott legten den Grundstein für eine Beziehung, die die jüdische Identität definieren sollte. Obwohl Isaaks Rolle ruhiger war, stärkte sie die Kontinuität dieses Bundes und betonte die Bedeutung von Vertrauen und Treue. Jacobs dynamisches Leben voller Kämpfe und Triumphe unterstrich die Themen Beharrlichkeit, Versöhnung und das Wachstum einer Familie, die zu einer Nation werden sollte.

Indem wir etwas über die Patriarchen erfahren, gewinnen wir Einblick in die Ursprünge des Judentums und die Werte, die das jüdische Leben auch heute noch leiten. Diese Geschichten sind nicht nur historische Berichte, sondern auch reich an Lehren über Glauben, Familie und die dauerhafte Beziehung zwischen Gott und dem jüdischen Volk. Durch das Verständnis des Lebens von Abraham, Isaak und Jakob erkennen wir die tiefen Wurzeln der jüdischen Tradition und das bleibende Erbe dieser Gründungsfiguren.

Der Auszug aus Ägypten und der Bund am Sinai

Die Geschichte des Exodus ist eines der bedeutendsten Ereignisse in der jüdischen Geschichte. Sie markiert die Geburt der Israeliten als freies Volk und den Aufbau einer tiefen und dauerhaften Beziehung zu Gott. Diese Erzählung, die im Buch Exodus der Thora zu finden ist, ist nicht nur ein historischer Bericht, sondern eine Geschichte voller Wunder, Prüfungen und der Errichtung wichtiger religiöser Grundlagen.

Die Israeliten, Nachkommen Jakobs (auch bekannt als Israel), hatten sich während einer Hungersnot in Ägypten niedergelassen. Über viele Generationen hinweg wuchs ihre Bevölkerung erheblich. Allerdings bestieg ein neuer Pharao den Thron, der sich nicht an Joseph (Jakobs Sohn, der in Ägypten an die Macht gekommen war) erinnerte. Aus Angst vor der wachsenden Zahl und Stärke der Israeliten versklavte der Pharao sie und zwang sie zu harter Arbeit. Trotz der Unterdrückung vermehrten sich die Israeliten weiter, was die Angst des Pharaos nur noch verstärkte. Um ihre Bevölkerung zu kontrollieren, befahl der Pharao, alle neugeborenen hebräischen Jungen zu töten.

Inmitten dieses brutalen Dekrets gebar eine Hebräerin namens Jochebed einen Sohn. Um ihn zu retten, legte sie ihn in einen Korb und ließ ihn auf dem Nil schwimmen. Die Tochter des Pharaos fand das Baby und beschloss voller Mitgefühl, es wie ihr eigenes Kind aufzuziehen. Sie nannte ihn Moses. Obwohl er im ägyptischen Palast aufwuchs, war sich Moses seiner hebräischen Herkunft bewusst. Als Moses eines Tages sah, wie ein Ägypter einen hebräischen Sklaven schlug, intervenierte er und tötete den Ägypter. Aus Angst um sein Leben floh Moses in das Land Midian, wo er ein neues Leben als Hirte begann.

Während er seine Herde hütete, stieß Moses auf einen brennenden Dornbusch, der nicht von den Flammen verzehrt wurde. Von diesem Busch aus sprach Gott zu Mose und offenbarte ihm seinen Plan, die Israeliten aus der Sklaverei zu befreien. Gott wies Mose an, nach Ägypten zurückzukehren und sein Volk in die Freiheit zu führen. Anfangs zögerte Moses, gehorchte aber im Vertrauen auf Gottes Versprechen, bei ihm zu sein.

Moses kehrte nach Ägypten zurück und stellte sich zusammen mit seinem Bruder Aaron dem Pharao entgegen und forderte die Freilassung der Israeliten. Der Pharao weigerte sich und als Reaktion darauf sandte Gott zehn Plagen über Ägypten. Zu diesen Plagen gehörten die Verwandlung des Nils in Blut, Heuschreckenschwärme und Dunkelheit. Jede Plage demonstrierte die Macht Gottes und sollte den Pharao davon überzeugen, die Israeliten zu befreien. Die zehnte und letzte Plage war die verheerendste: der Tod der Erstgeborenen in jeder ägyptischen Familie. Die Israeliten blieben jedoch verschont.

Gott wies sie an, ihre Türpfosten mit dem Blut eines Lammes zu kennzeichnen, und als der Todesengel über Ägypten hinwegzog, verschonte er die Häuser mit den markierten Türpfosten. Dieses Ereignis wird als Pessach gefeiert und symbolisiert Befreiung und Erlösung.

Der Tod des Erstgeborenen zwang den Pharao schließlich, die Israeliten freizulassen. Sie verließen Ägypten überstürzt und ließen ihren Brotteig nicht einmal aufgehen, weshalb Juden während des Pessach-Festes ungesäuertes Brot, die Matze, essen. Doch schon bald bereute der Pharao seine Entscheidung und verfolgte die Israeliten mit seinem Heer. Gefangen zwischen den ägyptischen Streitkräften und dem Roten Meer fürchteten die Israeliten um ihr Leben. Doch Gott vollbrachte eine wundersame Tat: Er teilte das Rote Meer und ermöglichte den Israeliten, auf trockenem Boden zu überqueren. Als die Ägypter folgten, kehrte das Meer an seinen Platz zurück und ertrank die verfolgende Armee.

Nach ihrer Flucht zogen die Israeliten durch die Wildnis und waren mit verschiedenen Herausforderungen wie Hunger und Durst konfrontiert. Gott sorgte für sie, indem er Manna (eine Art Brot) vom Himmel und Wasser von einem Felsen sandte. Diese Wunder verstärkten die Abhängigkeit der Israeliten von Gott und seiner Fürsorge für sie.

Das bedeutendste Ereignis während dieser Reise war der Bund, der am Berg Sinai geschlossen wurde. Drei Monate nach ihrem Auszug aus Ägypten lagerten die Israeliten am Fuße des Berges Sinai. Gott rief Mose auf den Gipfel des Berges und überbrachte ihm seine Gebote und Gesetze, die zur Grundlage des jüdischen Lebens und Glaubens werden sollten. Dazu gehörten die Zehn Gebote, die grundlegende ethische Prinzipien darlegen, wie z. B. die Achtung der Eltern, nicht zu stehlen und kein falsches Zeugnis abzulegen.

Die Gabe der Thora am Berg Sinai wurde von beeindruckenden Phänomenen begleitet: Donner, Blitze, eine dicke Wolke und der Klang eines Schofars (Widderhorns). Diese dramatischen Zeichen unterstrichen die Bedeutung und Heiligkeit des Ereignisses. Gott schloss einen Bund mit den Israeliten und versprach, ihr Gott zu sein, wenn sie sein Volk sein und seine Gebote befolgen würden. Dieser Bund begründete eine einzigartige Beziehung zwischen Gott und den Israeliten und zeichnete sie als auserwähltes Volk mit der besonderen Mission aus, Gottes Gesetze und Lehren aufrechtzuerhalten und zu verbreiten.

Der Bund am Sinai beinhaltete auch detaillierte Anweisungen für den Bau der Stiftshütte, eines tragbaren Heiligtums, in dem Gott unter seinem Volk wohnen würde. Der Tabernakel symbolisierte die Gegenwart Gottes und bildete einen Mittelpunkt für Gottesdienste und das Gemeinschaftsleben. Es beherbergte die Bundeslade, die die Tafeln der Zehn Gebote enthielt, was die zentrale Bedeutung der

Gesetze Gottes im Leben der Israeliten noch weiter betonte.

Der Auszug aus Ägypten und der Bund am Sinai haben in der jüdischen Tradition eine tiefe Bedeutung. Sie markieren den Übergang von der Sklaverei zur Freiheit, nicht nur körperlich, sondern auch geistig. Die Befreiung aus Ägypten wird als Beginn der Reise der Israeliten gesehen, eine Nation zu werden, die sich Gott und seinen Geboten hingibt. Der Bund am Sinai legte den Rahmen für jüdisches Gesetz, Ethik und Gottesdienst fest und leitete die Israeliten in ihrer Beziehung zu Gott und untereinander.

Diese Ereignisse werden jährlich während des Pessachfestes gefeiert, wenn Juden die Geschichte des Exodus noch einmal erzählen und über die Themen Befreiung und göttliche Führung nachdenken. Die Übergabe der Thora am Sinai wird während des Schawuot-Festes gefeiert, das fünfzig Tage nach dem Pessachfest stattfindet. Schawuot ist eine Zeit, um das Geschenk der Thora zu würdigen und die Verpflichtung zu bekräftigen, ihre Lehren zu studieren und zu befolgen.

Der Exodus und der Bund am Sinai sind von zentraler Bedeutung für das Verständnis der jüdischen Identität und des jüdischen Glaubens. Die Geschichte des Exodus beleuchtet Themen wie Kampf, Befreiung und göttliches Eingreifen, während der Bund am Sinai die Grundlage für das jüdische Gesetz und die jüdische Gemeinschaft legt. Diese Ereignisse inspirieren und prägen weiterhin das jüdische Leben und erinnern die Juden an ihre besondere Beziehung zu Gott und ihre Verantwortung, seine Gebote einzuhalten. Durch diese Erzählungen werden die bleibenden Werte Glaube, Beharrlichkeit und Engagement für Gerechtigkeit und Rechtschaffenheit von Generation zu Generation weitergegeben.

Gründung Israels: Könige und Propheten

Die Gründung des Königreichs Israel ist ein faszinierender Zeitraum in der jüdischen Geschichte, der durch den Aufstieg von Königen und Propheten gekennzeichnet ist, die eine entscheidende Rolle bei der Gestaltung der Identität und des Glaubens der Nation spielten. Diese Ära beginnt, nachdem sich die Israeliten im Gelobten Land niedergelassen hatten, nach ihrer langen Reise aus Ägypten und der Zeit der Richter, die sie durch verschiedene Herausforderungen führten.

Die Israeliten lebten zunächst als lose Konföderation von Stämmen, jeder mit seinen eigenen Anführern und Richtern, die für Führung sorgten und Streitigkeiten beilegten. Angesichts äußerer Bedrohungen und innerer Uneinigkeit begannen die Israeliten jedoch, sich eine zentralisierte Führung zu wünschen. Sie wollten einen König, wie die Nachbarvölker, der sie vereinte und in Schlachten führte. Gott wies den Propheten Samuel an, Saul zum ersten König Israels zu salben. Saul war ein großer und gutaussehender junger Mann aus dem Stamm Benjamin, der aufgrund seiner Führungsqualitäten ausgewählt wurde.

Sauls Herrschaft begann gut, mit militärischen Erfolgen, die die Stämme vereinten und für Stabilität sorgten. Sauls Ungehorsam gegenüber den Geboten Gottes führte jedoch zu seinem Untergang. Es gelang ihm nicht, die Amalekiter vollständig zu vernichten, wie Gott es ihm aufgetragen hatte, und er brachte Opfer dar, die nur die Priester durchführen durften. Infolgedessen lehnte Gott Saul als König ab und wies Samuel an, einen neuen König zu salben.

David, ein junger Hirte aus dem Stamm Juda, wurde zum nächsten König gewählt. David war für seine Tapferkeit bekannt und hatte bereits dadurch Berühmtheit erlangt, dass er den Riesen Goliath mit einer Schleuder und einem Stein besiegte. Davids Herrschaft markierte das goldene Zeitalter Israels. Er vereinte die Stämme, gründete Jerusalem als Hauptstadt und brachte die Bundeslade in die Stadt, wodurch sie zum religiösen und politischen Zentrum Israels wurde. Davids Führung und seine Hingabe an Gott machten ihn beim Volk beliebt und er war als ein Mann nach Gottes Herzen bekannt.

Trotz seiner Erfolge verlief Davids Herrschaft nicht ohne persönliche und politische Unruhen. Seine Affäre mit Bathseba und der darauffolgende arrangierte Tod ihres Mannes Uriah hatten erhebliche Konsequenzen. Dennoch zeigten Davids tief empfundene Reue und das Versprechen, dass seine Dynastie fortbestehen würde, seine tiefe Beziehung zu Gott. Zu Davids Vermächtnis gehörten Pläne für einen prächtigen Tempel, den sein Sohn Salomo schließlich bauen sollte.

Salomo, Davids Sohn, erbte ein starkes und geeintes Königreich. Salomo ist für seine Weisheit bekannt und bekannt für den Bau des ersten Tempels in Jerusalem, einer zentralen Kultstätte der Israeliten. Der Tempel wurde zum Mittelpunkt des jüdischen Gottesdienstes, beherbergte die Bundeslade und diente als Ort wichtiger religiöser Rituale und Feste. Salomos Herrschaft war von Frieden und Wohlstand geprägt und er etablierte Israel als mächtige und wohlhabende Nation.

Allerdings wurden Salomos spätere Jahre durch seine Ehen mit vielen ausländischen Frauen getrübt, die ihn dazu brachten, andere Götter anzubeten. Dieser Götzendienst verärgerte Gott und nach Salomos Tod wurde das Königreich geteilt. Die nördlichen Stämme bildeten das Königreich Israel, während die südlichen Stämme, darunter Juda und Benjamin, das Königreich Juda bildeten. Diese Teilung schwächte beide Königreiche und machte sie anfällig für äußere Bedrohungen.

In dieser turbulenten Zeit spielten Propheten eine entscheidende Rolle dabei, die Menschen und ihre

Führer wieder auf die Wege Gottes zu führen. Propheten waren von Gott auserwählte Personen, die seine Botschaften überbrachten und oft zur Reue und zur Einhaltung des Bundes aufriefen. Sie wurden nicht immer gut aufgenommen, da ihre Botschaften häufig den Status quo in Frage stellten und Ungerechtigkeiten anprangerten.

Einer der bemerkenswertesten Propheten war Elia, der während der Herrschaft von König Ahab und Königin Isebel im nördlichen Königreich Israel lebte. Ahab und Isebel förderten die Verehrung des Baal, eines fremden Gottes, und führten die Menschen von der Verehrung des wahren Gottes ab. Elia stellte sich diesem Götzendienst, indem er die Baalspropheten bekanntlich zu einem Wettbewerb auf dem Berg Karmel herausforderte. Gott erhörte Elias Gebete, indem er Feuer vom Himmel sandte, um seine Macht zu beweisen und die Menschen dazu zu bringen, ihn als den wahren Gott zu erkennen. Elias Kühnheit und seine Wunder zeigten Gottes anhaltende Präsenz und Macht in Israel.

Elisha, Elias Nachfolger, setzte sein Werk fort, vollbrachte viele Wunder und gab in schwierigen Zeiten Orientierung. Zu seinen Wundern gehörte die Vermehrung des Öls einer Witwe, die Auferweckung eines toten Kindes und die Heilung von Naaman, einem syrischen Feldherrn, von Lepra. Elisas Taten zeigten Gottes Mitgefühl und seine Fähigkeit, durch seine Propheten seinem Volk zu helfen.

Im südlichen Königreich Juda spielte der Prophet Jesaja eine bedeutende Rolle. Er diente während der Regierungszeit mehrerer Könige und beriet in Zeiten nationaler Krisen. Zu Jesajas Prophezeiungen gehörten Gerichtsbotschaften für die Sünden des Volkes und Visionen von Hoffnung und Wiederherstellung. Er betonte, wie wichtig es sei, auf Gott zu vertrauen und nicht auf politische Bündnisse, und sagte das Kommen eines Messias voraus, der Frieden und Erlösung bringen würde.

Jeremia war ein weiterer wichtiger Prophet in Juda, der für seine Warnungen vor der bevorstehenden babylonischen Invasion und der Zerstörung Jerusalems bekannt war. Trotz seiner unpopulären Botschaften blieb Jeremia standhaft und forderte das Volk auf, Buße zu tun und zu Gott zurückzukehren. Seine Prophezeiungen erfüllten sich, als Babylon Jerusalem eroberte, den Tempel zerstörte und viele Israeliten verbannte. Jeremias Leben und Dienst verdeutlichten die Folgen des Ungehorsams, boten aber auch Hoffnung auf eine zukünftige Wiederherstellung.

Die Zeit der Könige und Propheten war entscheidend für die Gestaltung der religiösen und politischen Landschaft Israels. Die Könige, insbesondere David und Salomo, etablierten eine starke Führung und zentralisierten den Gottesdienst in Jerusalem. Ihr Scheitern und die anschließende Teilung des Reiches machten jedoch deutlich, wie wichtig es ist, den Geboten Gottes treu zu bleiben.

Die Propheten fungierten als Boten Gottes, riefen die Menschen und ihre Führer zur Umkehr auf und führten sie durch Krisenzeiten. Ihre Gerichts- und Hoffnungsbotschaften stärkten die Bundesbeziehung zwischen Gott und Israel und erinnerten die Menschen an ihre einzigartige Identität und Bestimmung.

Das Erbe dieser Ära ist tiefgreifend und beeinflusst das jüdische Denken, den Kult und die Identität der Juden. Die Geschichten der Könige und Propheten sind grundlegend für das Verständnis der Geschichte und Werte des jüdischen Volkes. Sie vermitteln Lektionen über Führung, Glauben, Reue und die dauerhafte Beziehung zwischen Gott und seinem auserwählten Volk. Trotz der Triumphe und Prüfungen dieser Zeit bleiben die bleibenden Themen der Treue Gottes und der Wichtigkeit, an seinen Wegen festzuhalten, zentral für den jüdischen Glauben.

KAPITEL 2

Die Thora: Die Grundlage des jüdischen Glaubens

Was ist die Thora?

Die Thora ist der heiligste Text im Judentum und dient als Grundlage des jüdischen Glaubens, der jüdischen Tradition und des jüdischen Gesetzes. Es umfasst die ersten fünf Bücher der hebräischen Bibel: Genesis, Exodus, Levitikus, Numeri und Deuteronomium. Diese Bücher werden zusammenfassend auch als Pentateuch bezeichnet, was auf Griechisch „fünf Schriftrollen" bedeutet. Die Thora gilt als das geschriebene Gesetz, das Gott den Israeliten durch den Propheten Moses gegeben hat.

Das Wort „Tora" kommt von der hebräischen Wurzel „yarah", was „lehren" oder „anweisen" bedeutet. Dies spiegelt den Zweck der Tora als Leitfaden für ein Leben wider, das im Einklang mit Gottes Willen steht. Es enthält einen Bericht über Erzählungen, Gesetze und Lehren, die die jüdische Identität und Praxis über Jahrtausende hinweg geprägt haben. Die Thora ist nicht nur ein historisches Dokument, sondern ein lebendiger Text, der das jüdische Leben auch heute noch informiert und inspiriert.

Genesis, das erste Buch der Thora, beginnt mit der Erschaffung der Welt und stellt die Geschichten der Patriarchen und Matriarchen des jüdischen Volkes vor, darunter Abraham, Isaak, Jakob und Joseph. Diese Erzählungen legen den Grundstein für die Beziehung zwischen Gott und den Israeliten und beleuchten Themen wie Bund, Glauben und göttliche Verheißung. Die Genesis endet mit dem Einzug der Israeliten nach Ägypten und bereitet damit die Bühne für die dramatischen Ereignisse des Exodus.

Exodus erzählt die Geschichte der Versklavung der Israeliten in Ägypten, ihrer Befreiung durch die Führung Moses und der Offenbarung am Berg Sinai. Am Sinai gibt Gott die Zehn Gebote und andere Gesetze und schließt damit einen Bund mit den Israeliten. Dieser Bund ist von zentraler Bedeutung für den jüdischen Glauben und symbolisiert eine besondere Beziehung zwischen Gott und seinem auserwählten Volk. Zu Exodus gehört auch der Bau der Stiftshütte, eines tragbaren Heiligtums, in dem die Gegenwart Gottes unter den Israeliten wohnt.

Levitikus konzentriert sich auf die Gesetze und Rituale im Zusammenhang mit Anbetung, Reinheit und ethischem Verhalten. Es enthält detaillierte Anweisungen für die Priester (Leviten), die in der Stiftshütte dienen, sowie Richtlinien für die Wahrung der Heiligkeit im Alltag. Das Buch betont die Bedeutung eines Lebens im Einklang mit Gottes Geboten und beschreibt verschiedene Opfer, Feste und Speisegesetze. Die Prinzipien der

Gerechtigkeit, des Mitgefühls und der gemeinschaftlichen Verantwortung sind im gesamten Buch Levitikus verankert.

„Numbers" setzt die Erzählung der Reise der Israeliten durch die Wildnis fort und dokumentiert ihre Erfahrungen, Herausforderungen und Aufstände. Es enthält Volkszählungsdaten, daher der Name „Zahlen", sowie weitere Gesetze und Anweisungen Gottes. Das Buch veranschaulicht die Schwierigkeiten der Reise der Israeliten und ihre anhaltende Beziehung zu Gott, die sowohl von Treue als auch von Ungehorsam geprägt ist. Numeri hebt auch die Führung von Moses und seine Rolle bei der Führung des Volkes in das Gelobte Land hervor.

Das Deuteronomium, das letzte Buch der Thora, wird als eine Reihe von Reden Moses vor seinem Tod dargestellt. Es fasst die Ereignisse und Gesetze der vorherigen Bücher zusammen und betont die Bedeutung der Loyalität gegenüber Gott und der

Einhaltung seiner Gebote. Das Deuteronomium enthält das Schema, eine zentrale Erklärung des jüdischen Glaubens, und bekräftigt den Bund zwischen Gott und den Israeliten. Das Buch endet mit dem Tod von Moses und der Ernennung Josuas zu seinem Nachfolger, der bereit ist, das Volk in das Gelobte Land zu führen.

Die Rolle der Thora in der jüdischen Tradition geht über ihren Inhalt hinaus. Es ist der Grundstein des jüdischen Gottesdienstes und Studiums. Torarollen werden von erfahrenen Schreibern handschriftlich auf Pergament geschrieben und mit größter Ehrfurcht behandelt. Diese Schriftrollen werden in der Bundeslade in Synagogen aufbewahrt und während des Gottesdienstes öffentlich vorgelesen. Der wöchentliche Tora-Abschnitt, bekannt als Parascha, stellt sicher, dass die gesamte Thora im Laufe eines Jahres gelesen wird, und fördert so eine kontinuierliche Auseinandersetzung mit dem Text.

Neben der geschriebenen Thora umfasst die jüdische Tradition auch die mündliche Thora, die Interpretationen, Erklärungen und Erweiterungen des geschriebenen Textes umfasst. Die mündliche Thora wurde schließlich in der Mischna zusammengestellt und im Talmud weiter ausgearbeitet. Diese Texte bieten einen umfassenden rechtlichen und ethischen Rahmen, der die jüdische Praxis in verschiedenen Aspekten des Lebens leitet. Das Zusammenspiel der schriftlichen und mündlichen Überlieferungen unterstreicht die dynamische und sich entwickelnde Natur des jüdischen Rechts und Denkens.

Die Lehren der Thora beschränken sich nicht auf religiöse Rituale und Gesetze; Sie umfassen ein breites Spektrum ethischer Grundsätze und Werte. Konzepte wie Gerechtigkeit, Freundlichkeit, Demut und Respekt gegenüber anderen sind integraler Bestandteil der Botschaft der Tora. Das in Levitikus enthaltene Gebot, deinen Nächsten zu lieben wie dich selbst, fasst den ethischen Kern der Thora zusammen und dient als Leitprinzip für jüdisches Verhalten.

Bildung ist ein grundlegender Aspekt der Auseinandersetzung mit der Thora. Die jüdische Tradition legt großen Wert auf Studium und Lernen und betrachtet die Thora als Quelle der Weisheit und moralischen Führung. Schon in jungen Jahren werden Kinder mit den Geschichten und Lehren der Thora vertraut gemacht und so eine lebenslange Beziehung zum Text gefördert. Lernsitzungen, bekannt als Chevruta, beinhalten gemeinsames Lernen und Diskussionen und ermöglichen es Einzelpersonen, die Bedeutung der Thora gemeinsam zu erforschen und zu interpretieren.

Der Einfluss der Thora geht über die jüdische Gemeinschaft hinaus. Seine Erzählungen, Gesetze und ethischen Lehren hatten tiefgreifende Auswirkungen auf die westliche Zivilisation und die Entwicklung moralischer und rechtlicher Systeme weltweit. Insbesondere die Zehn Gebote wurden als universelle Grundsätze der Gerechtigkeit und Moral anerkannt.

Im heutigen jüdischen Leben ist die Thora weiterhin ein zentrales und verbindendes Element. Es prägt religiöse Bräuche, ethisches Verhalten und gemeinschaftliche Identität. Feierlichkeiten wie die Simchat-Tora, die den Abschluss und den Neustart des jährlichen Tora-Lesezyklus markiert, unterstreichen die Freude und Ehrfurcht, mit der die Tora betrachtet wird. Die zeitlose Weisheit und dauerhafte Relevanz der Thora inspirieren Juden dazu, die Komplexität des modernen Lebens zu meistern und gleichzeitig in ihrem alten Erbe verwurzelt zu bleiben.

Das Verständnis der Thora ist der Schlüssel zur Wertschätzung des Reichtums der jüdischen Tradition und der Werte, die das jüdische Volk leiten. Seine Geschichten, Gesetze und Lehren bieten Einblicke in die menschliche Erfahrung und die Suche nach einem sinnvollen, ethischen Leben.

Die Rolle der Thora als Grundlage des jüdischen Glaubens unterstreicht ihre Bedeutung für die Gestaltung der Vergangenheit, Gegenwart und Zukunft der jüdischen Gemeinschaft. Durch das Studium und die Einhaltung dieses Rituals pflegen Juden eine tiefe Verbindung zu ihrer Geschichte, ihrem Glauben und ihrer kollektiven Identität.

Die fünf Bücher Mose

Die Thora, auch bekannt als die Fünf Bücher Mose, ist die Grundlage des jüdischen Glaubens und der jüdischen Tradition. Jedes seiner fünf Bücher; Genesis, Exodus, Levitikus, Numeri und Deuteronomium tragen auf einzigartige Weise zur Erzählung und den Gesetzen bei, die das Judentum definieren. Diese Bücher umfassen Geschichten, Gebote und Lehren, die seit Jahrtausenden für das jüdische Leben von zentraler Bedeutung sind.

Genesis, das erste Buch der Thora, beginnt mit der Erschaffung der Welt. Es beschreibt, wie Gott alles in sechs Tagen erschuf und am siebten ruhte. Dieses

Buch stellt uns die ersten Menschen vor, Adam und Eva, die im Garten Eden leben, bis sie Gott ungehorsam sind und vertrieben werden. Die Genesis geht weiter mit Geschichten über ihre Nachkommen, darunter Kain und Abel sowie Noah, der eine Arche baut, um seine Familie und Tiere vor einer großen Flut zu retten. Das Buch konzentriert sich dann auf die Patriarchen des jüdischen Volkes: Abraham, Isaak und Jakob. Abraham wird von Gott berufen, seine Heimat zu verlassen und in ein neues Land zu reisen, wo Gott verspricht, aus seinen Nachkommen eine große Nation zu machen. Abrahams Glaube und Gehorsam gegenüber Gott werden auf verschiedene Weise auf die Probe gestellt, unter anderem durch die Bindung seines Sohnes Isaak. Auf Isaaks Geschichte folgt die Geschichte seines Sohnes Jakob, der zwölf Söhne hat, die die Anführer der zwölf Stämme Israels werden. Das Buch endet mit der Geschichte von Joseph, einem von Jakobs Söhnen, der von seinen eifersüchtigen Brüdern in die Sklaverei verkauft wird, aber zu einem mächtigen Führer in Ägypten aufsteigt. Genesis bereitet die Bühne für die Themen Bund, Glaube und Gottes Versprechen an die Israeliten.

Exodus, das zweite Buch, beginnt damit, dass die Israeliten als Sklaven in Ägypten lebten. Sie leiden unter harten Bedingungen und Gott wählt Mose, um sie in die Freiheit zu führen. Moses, der im Palast des Pharaos aufwuchs, aber später aus Ägypten floh, kehrt zurück und fordert den Pharao auf, die Israeliten gehen zu lassen. Der Pharao lehnt ab und Gott schickt zehn Plagen über Ägypten, eine verheerender als die andere. Die letzte Plage, der Tod der Erstgeborenen, veranlasst den Pharao, die Israeliten freizulassen. Sie verlassen Ägypten in aller Eile und überqueren das Rote Meer, das sich auf wundersame Weise für sie teilt. Sobald die Israeliten frei sind, reisen sie zum Berg Sinai, wo Gott Moses die Zehn Gebote und andere Gesetze gibt und einen Bund mit seinem Volk schließt. Exodus beschreibt detailliert den Bau der Stiftshütte, eines tragbaren Heiligtums, in dem

Gottes Gegenwart unter den Israeliten wohnen wird. Dieses Buch beleuchtet Themen wie Befreiung, Bund und die Einführung von Gesetzen, die den Israeliten Orientierung geben werden.

Levitikus, das dritte Buch, ist in erster Linie ein Buch der Gesetze und Rituale. Es enthält detaillierte Anweisungen für die Priester (Leviten), die in der Stiftshütte dienen. Levitikus betont die Bedeutung der Heiligkeit und beschreibt verschiedene Opfer, Opfergaben und Rituale, um die Reinheit zu bewahren und Sünden zu sühnen. Es enthält auch Gesetze zu Ernährungsbeschränkungen, Festen und ethischem Verhalten. Eines der zentralen Themen von Levitikus ist die Idee, heilig zu sein, weil Gott heilig ist. Dieses Buch lehrt die Israeliten, auf eine Weise zu leben, die Gott ehrt und ihre Bundesbeziehung mit ihm aufrechterhält. Es bietet Richtlinien sowohl für religiöse Rituale als auch für das alltägliche Verhalten und stellt sicher, dass das Leben der Israeliten von einem Gefühl der Heiligkeit erfüllt ist.

Numeri, das vierte Buch, setzt die Geschichte der Reise der Israeliten durch die Wildnis fort. Es beginnt mit einer Volkszählung, daher der Name „Zahlen". Das Buch zeichnet verschiedene Ereignisse und Herausforderungen auf, mit denen die Israeliten während ihrer 40 Jahre in der Wüste konfrontiert waren. Dazu gehören Aufstände gegen die Führung Moses, Kämpfe mit benachbarten Stämmen sowie Zeiten des Zweifels und des Ungehorsams. Trotz dieser Kämpfe führt und beschützt Gott sein Volk weiterhin. Numeri enthält auch weitere Gesetze und Anweisungen Gottes, die die Bedeutung von Gehorsam und Glauben unterstreichen. Das Buch endet damit, dass die Israeliten kurz vor dem Einzug in das Gelobte Land stehen und auf die nächste Phase ihrer Reise vorbereitet sind.

Deuteronomium, das fünfte und letzte Buch, wird als eine Reihe von Reden präsentiert, die Moses vor seinem Tod hielt. In diesen Reden geht Moses auf die Gesetze und Ereignisse der vorherigen Bücher ein und betont die Notwendigkeit der Loyalität gegenüber Gott und der Einhaltung seiner Gebote. Das Deuteronomium enthält das Schema, eine zentrale Erklärung des jüdischen Glaubens, die mit den Worten beginnt: „Höre, o Israel: Der Herr, unser Gott, der Herr ist einer." In diesem Buch werden auch Segnungen und Flüche vorgestellt, die sich aus der Befolgung oder Missachtung der Gesetze Gottes ergeben. Das Deuteronomium betont, wie wichtig es ist, sich an diese Gesetze zu erinnern und sie künftigen Generationen beizubringen. Die Reden von Moses sind eine eindrucksvolle Erinnerung an den Bund zwischen Gott und den Israeliten und an die Notwendigkeit, im Einklang mit Seinem Willen zu leben. Das Buch endet mit dem Tod von Moses und der Ernennung Josuas zum neuen Anführer, der bereit ist, das Volk in das Gelobte Land zu führen.

Zusammen bilden die fünf Bücher Mose die Thora, einen umfassenden Leitfaden für das jüdische

Leben. Sie enthalten eine Mischung aus Erzählungen und Gesetzen, die die religiösen, ethischen und gemeinschaftlichen Praktiken des jüdischen Volkes prägen. Die Thora wird kontinuierlich gelesen und studiert, um sicherzustellen, dass ihre Lehren ein wesentlicher Bestandteil der jüdischen Identität bleiben. Jedes Buch trägt zur Gesamtgeschichte der Israeliten und ihrer Beziehung zu Gott bei und beleuchtet Themen wie Schöpfung, Befreiung, Bund, Gesetz und Glauben. Die zeitlose Weisheit der Thora inspiriert und leitet weiterhin Juden auf der ganzen Welt und verbindet sie mit ihrem alten Erbe und miteinander.

Die Bedeutung der Thora im jüdischen Leben

Die Thora ist von zentraler Bedeutung für das jüdische Leben und beeinflusst die täglichen Praktiken und Rituale tiefgreifend. Es ist nicht nur ein heiliger Text, sondern ein lebendiger Leitfaden, der die moralischen, spirituellen und kulturellen Aspekte der jüdischen Existenz prägt. Von der

Geburt eines Kindes bis zu seinem Lebensende sind die Lehren der Thora fest in das Gefüge des jüdischen Alltags eingebunden.

Eine der bedeutendsten Arten, wie die Tora das jüdische Leben beeinflusst, ist die Einhaltung der Mizwot oder Gebote. In der Thora gibt es 613 Mizwot, die verschiedene Aspekte des Lebens abdecken. Dazu gehören Gebote im Zusammenhang mit Gottesdienst, ethischem Verhalten, Speisegesetzen und sozialer Gerechtigkeit. Beispielsweise ist das Gebot, den Schabbat zu halten, eines der wichtigsten in der jüdischen Tradition. Von Freitagabend bis Samstagabend verzichten Juden auf die Arbeit, beten, genießen festliche Mahlzeiten und verbringen Zeit mit der Familie, im Einklang mit den Anweisungen der Tora, den Sabbat zu gedenken und ihn heilig zu halten. Dieser wöchentliche Feiertag bietet Zeit für Ruhe, Besinnung und spirituelle Erneuerung.

Die Tora leitet auch die täglichen Gebete und Segnungen. Zur jüdischen Tradition gehören Gebete, die dreimal täglich gesprochen werden: Shacharit (Morgen), Mincha (Nachmittag) und Maariv (Abend). Diese Gebete enthalten oft Passagen aus der Thora und drücken Dankbarkeit aus, bitten um Vergebung und erbitten göttlichen Beistand. Das Schema, eines der wichtigsten Gebete, ist ein direkter Befehl aus der Tora, der die Einheit Gottes und die Wichtigkeit verkündet, ihn mit ganzem Herzen, ganzer Seele und ganzer Kraft zu lieben und ihm zu dienen. Segenssprüche werden vor und nach dem Essen, beim Anblick von Naturwundern und bei vielen anderen täglichen Aktivitäten rezitiert und erinnern Juden an die Gegenwart Gottes in allen Aspekten des Lebens.

Speisegesetze, bekannt als Kaschrut, sind ein weiterer wichtiger Aspekt des jüdischen Lebens, der von der Thora beeinflusst wird. Diese Gesetze schreiben vor, welche Lebensmittel zulässig (koscher) sind und wie sie zubereitet und verzehrt werden sollen. Beispielsweise verbietet die Tora den Verzehr bestimmter Tiere wie Schweine und Schalentiere und fordert die Trennung von Fleisch und Milchprodukten. Diese Ernährungseinschränkungen beeinflussen nicht nur die täglichen Essgewohnheiten, sondern fördern auch Disziplin und Achtsamkeit. Koscher zu halten ist für Juden eine Möglichkeit, ihre Mahlzeiten zu heiligen und eine kontinuierliche Verbindung zu ihrem Glauben aufrechtzuerhalten.

Lebenszyklusereignisse sind tief in den Lehren der Thora verwurzelt. Die Geburt eines Kindes wird mit Ritualen wie der Brit Milah (Beschneidung) für Jungen gefeiert, die am achten Tag nach der Geburt durchgeführt wird und dem Bund Gottes mit Abraham folgt. Die Thora beeinflusst auch die Bildung jüdischer Kinder, die schon in jungen Jahren etwas über ihre Geschichten und Gesetze lernen. Die Bar- oder Bat-Mizwa, eine Zeremonie zum Erwachsenwerden im Alter von 13 Jahren für Jungen und 12 Jahren für Mädchen, markiert den

Punkt, an dem sie für die Einhaltung der Mizwot verantwortlich sind. Dieser Meilenstein wird mit einer religiösen Zeremonie gefeiert, bei der der junge Mensch in der Synagoge aus der Thora liest und so sein Engagement für jüdisches Leben und Lernen demonstriert.

Die Ehe im Judentum ist ein weiterer Bereich, der von der Thora beeinflusst wird. Die als Kidduschin bekannte Hochzeitszeremonie umfasst mehrere Rituale, die die Lehren der Thora über Liebe, Partnerschaft und Engagement widerspiegeln. Das Paar unterzeichnet eine Ketuba, einen Ehevertrag, in dem die gegenseitigen Pflichten dargelegt werden. Die Zeremonie umfasst häufig Lesungen aus der Thora und Segenswünsche. Der Schwerpunkt der Thora auf Familie und Gemeinschaft spiegelt sich in den Hochzeitsfeiern wider, bei denen die Großfamilie und Freunde zusammenkommen und das Paar freudig unterstützen.

Die Thora prägt auch das ethische Verhalten und die soziale Verantwortung der Juden. Es lehrt Werte wie Gerechtigkeit, Freundlichkeit und Demut. Das in Levitikus enthaltene Gebot „Liebe deinen Nächsten wie dich selbst" ist ein Eckpfeiler der jüdischen Ethik und fördert Mitgefühl und Empathie im Umgang mit anderen. Die Gesetze der Tora über Wohltätigkeit oder Zedakah verlangen von Juden, einen Teil ihres Einkommens zu spenden, um Bedürftigen zu helfen, und fördern so ein Gefühl sozialer Verantwortung und gemeinschaftlicher Solidarität. Diese ethischen Lehren leiten das tägliche Verhalten und inspirieren zu freundlichem und großzügigem Handeln.

Feste und Feiertage sind ein weiterer wichtiger Einfluss der Thora auf das jüdische Leben. Jedes Fest hat spezifische Rituale und Traditionen, die in den Erzählungen und Geboten der Thora verwurzelt sind. Das Pessachfest zum Beispiel erinnert an den Auszug aus Ägypten und umfasst das Sedermahl, bei dem die Geschichte der Befreiung durch symbolische Speisen und Lesungen aus der Haggada, einem aus der Thora abgeleiteten Text, nacherzählt wird. Sukkot, das Laubhüttenfest, beinhaltet den Bau und das Wohnen in provisorischen Gebäuden, um an die Reise der Israeliten in der Wildnis zu erinnern. Schawuot, das Fest der Wochen, feiert die Übergabe der Thora am Berg Sinai und beinhaltet nächtliche Lernstunden. Diese Feste stärken die historischen und spirituellen Verbindungen des jüdischen Volkes zu seinen heiligen Texten.

Zusätzlich zu diesen Praktiken spielt die Thora auch eine zentrale Rolle in der jüdischen Bildung und im jüdischen Studium. Das Studium der Thora und ihrer Kommentare gilt als lebenslange Aufgabe. Die jüdische Tradition schätzt das Lernen und ermutigt den Einzelnen, sich mit dem Text auseinanderzusetzen, seine Bedeutung zu erforschen und seine Lehren auf das zeitgenössische Leben anzuwenden. Jeschiwas (jüdische Bildungseinrichtungen) und Studiengruppen bieten

Umgebungen für ein vertieftes und kontinuierliches Studium, in denen die Schüler die Thora analysieren und an Diskussionen teilnehmen, um ihre Bedeutungsebenen aufzudecken. Diese Verpflichtung zum Lernen stellt sicher, dass die Weisheit der Thora über Generationen hinweg weitergegeben wird und auch in der Neuzeit relevant bleibt.

Der Einfluss der Tora erstreckt sich auf den gemeinschaftlichen Gottesdienst und das Leben in der Synagoge. Die Lektüre der Thora ist ein zentraler Bestandteil synagogaler Gottesdienste. Jede Woche wird ein Teil der Tora laut vorgelesen. Dies folgt einem jährlichen Zyklus, der in der Feier der Simchat Tora seinen Höhepunkt findet, wenn der Zyklus von neuem beginnt. Diese öffentliche Lesung stärkt den gemeinschaftlichen Aspekt des Torastudiums und ermöglicht der gesamten Gemeinde, sich mit dem Text auseinanderzusetzen. Die Thora wird bei diesen Lesungen mit großer Ehrfurcht behandelt, oft mit dekorativen Decken und Kronen geschmückt und mit Sorgfalt und Respekt behandelt.

Der Einfluss der Thora auf das jüdische Leben ist tiefgreifend und vielfältig. Es prägt tägliche Praktiken, ethisches Verhalten, Lebenszyklusereignisse und gemeinschaftliche Gottesdienste. Seine Lehren bieten einen Rahmen für ein Leben, das spirituell sinnvoll, ethisch einwandfrei und tief mit der jüdischen Gemeinschaft und ihrem Erbe verbunden ist. Durch ihre Gebote, Geschichten und Weisheiten leitet und inspiriert die Thora weiterhin Juden auf der ganzen Welt und bietet eine zeitlose Quelle der Führung und Kraft in ihrem täglichen Leben.

KAPITEL 3

Der Talmud und die rabbinische Literatur

Den Talmud verstehen

Der Talmud ist ein zentraler Text im Judentum, der in seiner Bedeutung nach der Thora übertroffen wird. Es ist eine umfassende Zusammenstellung jüdischer Gesetze, Ethik, Bräuche und Geschichte, die über Jahrhunderte von zahlreichen Gelehrten entwickelt wurde. Um den Talmud zu verstehen, muss man seine beiden Hauptbestandteile kennen: die Mischna und die Gemara.

Die Mischna, der erste Teil des Talmud, wurde um 200 n. Chr. von Rabbi Judah, dem Prinzen, zusammengestellt. Es handelt sich um eine schriftliche Sammlung mündlicher Überlieferungen, die über Generationen hinweg weitergegeben wurden. Vor der Mischna wurden jüdische Lehren mündlich weitergegeben, aber aufgrund der Umbrüche und Zerstreuungen des jüdischen Volkes bestand die Notwendigkeit, diese Lehren schriftlich aufzubewahren. Die Mischna ist in sechs Ordnungen gegliedert, die sich jeweils mit unterschiedlichen Aspekten des jüdischen Lebens befassen. Diese Orden sind Zeraim (Samen), Moed (Feste), Nashim (Frauen), Nezikin (Schäden), Kodashim (Heilige Dinge) und Tohorot (Reinheiten). Jede Verordnung enthält mehrere Traktate, die weiter in Kapitel und Gesetze unterteilt sind. Zeraim befasst sich beispielsweise mit landwirtschaftlichen Gesetzen und Gebeten, während Nashim sich mit Fragen im Zusammenhang mit Ehe und Familie befasst.

Die Gemara ist der zweite Teil des Talmuds, der in den nächsten Jahrhunderten nach der Mischna entstand. Die Gemara ist ein Kommentar zur Mischna und bietet weitere Erklärungen, Diskussionen und Interpretationen ihrer Lehren. Es gibt zwei Versionen der Gemara: den Jerusalemer Talmud (Talmud Yerushalmi) und den babylonischen Talmud (Talmud Bavli). Der babylonische Talmud, der um 500 n. Chr. fertiggestellt wurde, ist umfassender und umfassender erforscht als der Jerusalemer Talmud. Die Gemara enthält Debatten und Dialoge zwischen Rabbinern, bekannt als Amoraim, die die Gesetze der Mischna analysieren und sie erweitern, wobei sie oft verschiedene Meinungen und Perspektiven erkunden.

Zusammen bilden Mischna und Gemara den Talmud und schaffen einen umfangreichen und komplexen Wissensschatz. Der Talmud ist in einer Mischung aus Hebräisch und Aramäisch verfasst, den Sprachen, die das jüdische Volk während seiner Erstellung sprach. Das Studium des Talmud kann aufgrund seiner komplexen Struktur und der Tiefe seiner Diskussionen eine Herausforderung sein. Es wird jedoch als eine lohnende und wesentliche

Praxis für das Verständnis jüdischer Gesetze und Gedanken angesehen.

Der Talmud befasst sich mit fast allen Aspekten des Lebens, von religiösen Ritualen und Ethik bis hin zum Zivil- und Strafrecht. Es umfasst Diskussionen über Gebete, Speisegesetze, Ehe, Handel und vieles mehr. Die Rabbiner, die zum Talmud beigetragen haben, näherten sich diesen Themen oft durch Fragen und Antworten und nutzten logisches Denken und biblische Verweise, um unterschiedliche Standpunkte zu erkunden. Diese Lernmethode fördert kritisches Denken und eine tiefe Auseinandersetzung mit dem Text.

Ein wesentliches Merkmal des Talmud ist sein dialektischer Stil, in dem mehrere Meinungen dargelegt und diskutiert werden. Die Rabbiner versuchten nicht immer, zu einer endgültigen Schlussfolgerung zu gelangen; Stattdessen schätzten sie den Prozess der Diskussion und die Erforschung verschiedener Perspektiven. Dieser Ansatz spiegelt die jüdische Tradition wider, den Dialog und die fortlaufende Interpretation zu schätzen. Selbst wenn ein Konsens erzielt wird, werden im Text häufig Minderheitenmeinungen beibehalten, was den Respekt vor unterschiedlichen Standpunkten unterstreicht.

Der Einfluss des Talmud erstreckt sich über das Religionsrecht hinaus auf ethische und philosophische Lehren. Es enthält viele Geschichten, Gleichnisse und Sprüche, die moralische Lehren und spirituelle Einsichten vermitteln. Diese Lehren betonen Werte wie Gerechtigkeit, Freundlichkeit, Demut und die Bedeutung des Lernens. Eine bekannte Lehre aus dem Talmud ist beispielsweise der Ausspruch von Rabbi Akiva: „Liebe deinen Nächsten wie dich selbst; das ist der große Grundsatz der Thora." Solche Lehren hatten im Laufe der Geschichte einen tiefgreifenden Einfluss auf das jüdische Denken und Handeln.

Das Studium des Talmud gilt als lebenslanges Unterfangen. Die traditionelle jüdische Bildung legt großen Wert auf das Studium des Talmud und ermutigt die Schüler, sich schon in jungen Jahren mit dem Text auseinanderzusetzen. Jeschiwas oder jüdische Bildungseinrichtungen konzentrieren sich häufig stark auf Talmudstudien, bei denen die Schüler jeden Tag viele Stunden damit verbringen, sich mit den Seiten zu befassen. Der Prozess des Talmudstudiums umfasst nicht nur das Lesen des Textes, sondern auch die Teilnahme an Diskussionen und Debatten mit Mitschülern und Lehrern, das sogenannte Chavruta-Studium. Dieser kollaborative Ansatz hilft den Studierenden, ein tieferes Verständnis des Materials zu entwickeln und ihre analytischen Fähigkeiten zu verfeinern.

Die Lehren des Talmuds wurden über Generationen hinweg weitergegeben, wobei jede neue Generation von Gelehrten ihre Interpretationen und Erkenntnisse hinzufügte. Dieser fortlaufende Interpretationsprozess ist als Tora she-be'al peh, die mündliche Thora, bekannt und stellt sicher, dass der Talmud ein lebendiger und dynamischer Text bleibt. Im Laufe der Geschichte wurden von renommierten Rabbinern wie Raschi und den Tosafisten zahlreiche Kommentare zum Talmud verfasst, die weitere Erklärungen und Zusammenhänge lieferten. Diese Kommentare werden oft zusammen mit dem Talmud studiert und bieten zusätzliche Verständnisebenen.

Der Einfluss des Talmuds auf das jüdische Leben ist tiefgreifend und weitreichend. Es bildet die Grundlage für Halacha, das jüdische Gesetz, das viele Aspekte des täglichen Lebens regelt. Ob es darum geht, den Sabbat einzuhalten, Geschäfte zu machen oder Streitigkeiten beizulegen, die Lehren des Talmud leiten die jüdische Praxis und stellen die Kontinuität mit der Tradition sicher. Sein Schwerpunkt auf ethischem Verhalten und Gerechtigkeit beeinflusst auch das jüdische soziale und gemeinschaftliche Leben und fördert Werte, die zum Wohlergehen des Einzelnen und der Gesellschaft beitragen.

Auch in der Neuzeit wird der Talmud weiterhin von Juden auf der ganzen Welt studiert und verehrt. Seine Lehren sind nicht nur für die Ausübung religiöser Bräuche relevant, sondern bieten auch Einblicke in ethische Dilemmata und moralische Fragen, mit denen wir heute konfrontiert sind. Die Methode des Talmuds der gründlichen Analyse und Debatte kann auf aktuelle Themen angewendet werden und bietet einen Rahmen für eine durchdachte und fundierte Entscheidungsfindung. Der Prozess der Auseinandersetzung mit dem Talmud fördert ein tiefes Gefühl der Verbundenheit mit dem jüdischen Erbe und der jüdischen Identität sowie die Verpflichtung zu lebenslangem Lernen und Wachstum.

Das Verständnis des Talmuds und seiner Bestandteile, der Mischna und der Gemara, ist unerlässlich, um den Reichtum und die Komplexität der jüdischen Tradition zu würdigen. Die Lehren des Talmud haben jahrhundertelang das jüdische Recht, die Ethik und das jüdische Denken geprägt, und sein Studium bleibt ein Eckpfeiler der jüdischen Bildung und Praxis. Durch seine komplizierten Diskussionen und tiefgreifenden Einsichten bietet der Talmud eine zeitlose Quelle der Weisheit und Führung, die Juden mit ihrer Vergangenheit verbindet und sie zu einem Leben mit Sinn und Integrität inspiriert.

Wichtige rabbinische Texte und Kommentare

Rabbinische Texte und Kommentare haben im Laufe der Geschichte eine entscheidende Rolle bei der Gestaltung jüdischer Gesetze und Traditionen gespielt. Diese Schriften bauen auf den Grundlagen der Thora und des Talmud auf und bieten weitere Interpretationen, Rechtsurteile und Erkenntnisse, die weiterhin das jüdische Leben leiten. Zu den wichtigsten rabbinischen Texten zählen die Mischna, die Tosefta, der Midrasch und die verschiedenen Kommentare angesehener Rabbiner wie Raschi, Maimonides und der Tosafisten.

Die Mischna, zusammengestellt von Rabbi Judah dem Prinzen um 200 n. Chr., ist einer der frühesten und bedeutendsten rabbinischen Texte. Es organisiert jüdische mündliche Überlieferungen in einem schriftlichen Gesetzeskodex und bietet einen umfassenden Überblick über jüdische Rechtsgrundsätze und -praktiken. Die Mischna ist in sechs Ordnungen unterteilt, die sich jeweils mit unterschiedlichen Aspekten des jüdischen Lebens befassen, wie etwa Agrargesetze, Feste, Familienangelegenheiten, Zivil- und Strafrecht, Tempeldienst und rituelle Reinheit. Dieser Text dient als Grundlage für spätere rabbinische Diskussionen und Interpretationen im Talmud.

Die Mischna wird durch die Tosefta ergänzt, eine Sammlung von Lehren, die nicht in der Mischna enthalten waren. Die Tosefta, was „Ergänzung" bedeutet, bietet zusätzliche Einsichten und

Rechtsgutachten, die die Lehren der Mischna erweitern. Die Tosefta wurde etwa zur gleichen Zeit wie die Mischna zusammengestellt und bietet wertvolle Kontexte und alternative Standpunkte, die das Studium des jüdischen Rechts bereichern.

Midraschische Literatur ist eine weitere wichtige Kategorie rabbinischer Texte. Der Midrasch besteht aus homiletischen Interpretationen der hebräischen Schriften, wobei oft tiefere Bedeutungen und Lehren aus dem biblischen Text untersucht werden. Midraschwerke können in zwei Haupttypen unterteilt werden: Midrasch Halacha, der sich auf rechtliche Interpretationen konzentriert, und Midrasch Aggada, der moralische Lehren, Geschichten und Folklore umfasst. Diese Schriften zielen darauf ab, verborgene Bedeutungsebenen im biblischen Text aufzudecken und die alten Schriften mit dem Leben und den Erfahrungen des jüdischen Volkes zu verbinden.

Zu den einflussreichsten rabbinischen Kommentatoren gehört Raschi, Rabbi Shlomo Yitzchaki, der im 11. Jahrhundert lebte. Rashis Kommentar zur Thora und zum Talmud ist für seine Klarheit und Zugänglichkeit bekannt. Seine Erklärungen liefern wesentliche Einblicke in die klare Bedeutung des Textes sowie tiefere Interpretationen, die zu einem integralen Bestandteil des jüdischen Studiums geworden sind. Rashis Werk ist oft der erste Kommentar, dem Schüler begegnen, und seine Lehren sind nach wie vor ein Eckpfeiler der jüdischen Bildung.

Maimonides, auch bekannt als Rambam, war ein mittelalterlicher jüdischer Philosoph, Rechtsgelehrter und Arzt, der bedeutende Beiträge zum jüdischen Recht und Denken leistete. Sein berühmtestes Werk, die Mischne Tora, ist ein umfassender Kodex des jüdischen Rechts, der die im Talmud enthaltenen Rechtsprinzipien systematisch organisiert und klarstellt. Die Mischne Tora deckt alle Aspekte des jüdischen Lebens ab, von täglichen Ritualen bis hin zu ethischem Verhalten und Zivilrecht. Maimonides' klare und logische Darstellung des Rechts hat sein Werk zu einem bleibenden Referenzwerk für die jüdische Rechtspraxis gemacht.

Die Tosafisten, eine Gruppe mittelalterlicher Rabbiner, sind für ihre Kommentare zum Talmud bekannt. Ihr gemeinsames Werk „The Tosafot" besteht aus detaillierten Analysen und Kritiken des talmudischen Textes, wobei der Schwerpunkt häufig auf der Lösung von Widersprüchen und der Erforschung komplexer Rechtsfragen liegt. Die Tosafisten bauten auf Rashis Kommentar auf und vertieften und vertieften das Talmudstudium. Ihre Beiträge sind für das Verständnis der Nuancen des talmudischen Gesetzes und seiner Anwendung von wesentlicher Bedeutung.

Der Shulchan Aruch, geschrieben von Rabbi Joseph Caro im 16. Jahrhundert, ist ein weiterer wichtiger rabbinischer Text, der das jüdische Gesetz und die jüdische Tradition geprägt hat. Bei diesem Werk handelt es sich um eine Kodifizierung des jüdischen Rechts, die klare und praktische Leitlinien für die tägliche Einhaltung bieten soll. Der Shulchan Aruch ist in vier Abschnitte unterteilt: Orach Chayim (Gesetze des täglichen Lebens und Feste), Yoreh De'ah (Gesetze von Kaschrut, Reinheit und anderen Themen), Even HaEzer (Gesetze von Ehe und Familie) und Choshen Mishpat (Zivil- und Strafrecht). Rabbi Moses Isserles, bekannt als Rema, fügte dem Shulchan Aruch Glossen hinzu, um aschkenasische Bräuche und Praktiken einzubeziehen, was ihn zu einem umfassenden Leitfaden für Juden unterschiedlicher Herkunft machte.

Auch die Werke der Kabbalisten bzw. jüdischen Mystiker spielen in der rabbinischen Literatur eine bedeutende Rolle. Der Sohar, der Rabbi Shimon bar Yochai zugeschrieben wird, ist der zentrale Text des kabbalistischen Denkens. Der auf Aramäisch verfasste Sohar erkundet die mystischen

Dimensionen der Tora und bietet tiefe Einblicke in die Natur Gottes, des Universums und der Seele. Kabbalistische Lehren haben die jüdische Spiritualität, das Gebet und das Ritual beeinflusst und dem Verständnis der jüdischen Tradition eine mystische Dimension hinzugefügt.

Rabbinische Antworten oder She'elot U-Teshuvot sind eine weitere wichtige Kategorie rabbinischer Literatur. Hierbei handelt es sich um Sammlungen von Fragen und Antworten zu verschiedenen rechtlichen und ethischen Themen, die von prominenten Rabbinern als Antwort auf Anfragen ihrer Gemeinden verfasst wurden. Die Responsa-Literatur erstreckt sich über viele Jahrhunderte und Regionen und spiegelt die Vielfalt jüdischer Erfahrungen und die Anpassungsfähigkeit des jüdischen Rechts an sich ändernde Umstände wider. Diese Schriften bieten praktische Lösungen für zeitgenössische Probleme, die auf den Prinzipien der Thora und des Talmud basieren.

Rabbi Moshe Feinstein, eine rabbinische Autorität des 20. Jahrhunderts, ist für seine ausführliche Antwort „Igrot Moshe" bekannt. Seine Rechtsurteile befassen sich mit einem breiten Spektrum moderner Themen, von medizinischer Ethik bis hin zu technologischen Fortschritten, und verdeutlichen die Relevanz des jüdischen Rechts in der heutigen Welt. Die Antworten von Rabbi Feinstein werden von Gelehrten und Laien gleichermaßen studiert und bieten Orientierung, wie man sich in der Komplexität des modernen Lebens zurechtfindet und gleichzeitig der jüdischen Tradition treu bleibt.

Zur rabbinischen Literatur gehören auch die ethischen Lehren der Musar-Bewegung, die im 19. Jahrhundert entstand. Die Musar-Bewegung legt Wert auf persönliches Wachstum und ethisches Verhalten und greift auf rabbinische Texte zurück, um Selbstverbesserung und spirituelle Entwicklung anzuregen. Werke wie Mesillat Yesharim (Der Weg der Gerechten) von Rabbi Moshe Chaim Luzzatto bieten praktische Ratschläge zur Kultivierung von Tugenden wie Demut, Geduld und Großzügigkeit. Die Musar-Bewegung hatte einen nachhaltigen Einfluss auf die jüdische Bildung und ethische Praxis und ermutigte Einzelpersonen, nach moralischer Exzellenz zu streben.

Diese wichtigen rabbinischen Texte und Kommentare bilden ein reichhaltiges Geflecht jüdischer Gedanken und Gesetze. Sie bauen auf den grundlegenden Lehren der Thora und des Talmuds auf und bieten weitere Interpretationen, Anleitungen und Inspirationen. Durch das Studium dieser Schriften verbinden sich Juden mit ihrem Erbe, vertiefen ihr Verständnis ihres Glaubens und finden praktische und spirituelle Orientierung für ihr Leben. Diese Texte spiegeln die dynamische und sich entwickelnde Natur der jüdischen Tradition wider und stellen sicher, dass sie über Generationen hinweg lebendig und relevant bleibt.

Die Rolle rabbinischer Debatten bei der Gestaltung des jüdischen Rechts

Rabbinische Debatten haben eine entscheidende Rolle bei der Gestaltung des jüdischen Rechts gespielt. Diese Diskussionen sind nicht nur intellektuelle Übungen, sondern wichtig für das Verständnis, die Interpretation und die Anwendung jüdischer Lehren auf reale Situationen. Die als Machloket bekannte Tradition der Debatte und Diskussion reicht bis in die Anfänge des rabbinischen Judentums zurück und beeinflusst das jüdische Leben auch heute noch.

Einer der grundlegenden Aspekte der rabbinischen Debatte ist ihre Präsenz im Talmud. Der Talmud ist eine umfangreiche Zusammenstellung rabbinischer Lehren, Gesetze und Geschichten, die rund um die Mischna strukturiert sind. Die Diskussionen im Talmud zeichnen sich durch detaillierte Analysen und Debatten unter Rabbinern aus. Bei diesen Debatten geht es häufig darum, unterschiedliche

Auslegungen eines Gesetzes zu untersuchen, die Gründe für verschiedene Urteile zu untersuchen und die Auswirkungen jeder Perspektive zu berücksichtigen. Ziel ist es, ein tieferes Verständnis des Rechts zu erlangen und sicherzustellen, dass es gerecht und angemessen angewendet wird.

Ein berühmtes Beispiel rabbinischer Debatten sind die Meinungsverschiedenheiten zwischen den Schulen von Hillel und Shammai, zwei prominenten Rabbinern, die im ersten Jahrhundert v. Chr. lebten. Ihre Debatten deckten ein breites Themenspektrum ab, von ritueller Reinheit bis hin zu ethischem Verhalten. Der Talmud berichtet von vielen Fällen, in denen die beiden Schulen unterschiedlicher Meinung waren und jeweils gut begründete Argumente für ihre Positionen vorbrachten. Obwohl sich die Anhänger Hillels im Allgemeinen durchsetzten, bewahrt der Talmud häufig die Ansichten beider Schulen und zeigt damit den Respekt vor unterschiedlichen Meinungen und den Wert einer gründlichen Diskussion.

Diese Debatten dienen mehreren wichtigen Zwecken. Erstens stellen sie sicher, dass das jüdische Recht dynamisch und anpassungsfähig bleibt. Durch die Beteiligung an der Debatte können Rabbiner neue Umstände und Herausforderungen berücksichtigen, die in früheren Texten möglicherweise nicht angesprochen wurden. Dieser Prozess ermöglicht die Weiterentwicklung des jüdischen Rechts als Reaktion auf sich verändernde soziale, kulturelle und technologische Kontexte. Beispielsweise könnten zeitgenössische Rabbiner Fragen im Zusammenhang mit medizinischer Ethik, Geschäftspraktiken oder Umweltverantwortung diskutieren und dabei traditionelle Prinzipien auf moderne Dilemmata anwenden.

Zweitens fördern rabbinische Debatten eine Kultur des kritischen Denkens und der intellektuellen Strenge. Talmudschüler werden darin geschult, Argumente zu analysieren, zugrunde liegende Prinzipien zu identifizieren und verschiedene

Standpunkte zu bewerten. Diese Lernmethode fördert das eigenständige Denken und die Fähigkeit, sich mit komplexen Sachverhalten auseinanderzusetzen. Es fördert auch ein Gefühl der Demut, da die Schüler erkennen, dass keine einzelne Perspektive alle Antworten bereithält und dass es immer mehr zu lernen gibt.

Drittens tragen Debatten dazu bei, das jüdische Recht zu klären und zu verfeinern. Durch die Untersuchung verschiedener Interpretationen und die Berücksichtigung ihrer Auswirkungen können Rabbiner ein präziseres und differenzierteres Verständnis des Gesetzes entwickeln. Bei diesem Prozess geht es oft darum, die zugrunde liegenden Werte und ethischen Grundsätze zu identifizieren, die rechtliche Entscheidungen leiten. Beispielsweise könnten Debatten über die Einhaltung des Sabbats das Gleichgewicht zwischen Ruhe und Produktivität untersuchen, oder Diskussionen über Ernährungsgesetze könnten sich mit Themen wie Heiligkeit und Disziplin befassen. Durch Debatten können Rabbiner diese Grundsätze klarer formulieren und sicherstellen, dass sie konsequent angewendet werden.

Die Struktur der rabbinischen Debatte folgt oft einem charakteristischen Muster. Eine typische talmudische Diskussion beginnt mit einer Frage oder einer Rechtserklärung, gefolgt von einer Reihe von Argumenten und Gegenargumenten. Rabbiner zitieren möglicherweise Schriftverse, frühere Rechtsentscheidungen oder logische Überlegungen, um ihre Positionen zu untermauern. Die Diskussion kann hypothetische Szenarien umfassen, um die Anwendung des Gesetzes in verschiedenen Kontexten zu testen. Schließlich kann die Debatte mit einer Resolution oder einer Erklärung enden, die die Gültigkeit mehrerer Perspektiven anerkennt.

Diese dialektische Methode ist als Pilpul bekannt, was auf Hebräisch „Pfeffer" bedeutet, was den scharfsinnigen und anregenden Charakter der Diskussionen widerspiegelt. Pilpul ermutigt die

Schüler, tief nachzudenken und sich auf lebendige und interaktive Weise mit dem Text auseinanderzusetzen. Es betont auch die Bedeutung von Dialog und Zusammenarbeit bei der Suche nach der Wahrheit. Das Ziel besteht nicht darin, einen Streit zu gewinnen, sondern darin, zu einem umfassenderen Verständnis des Rechts zu gelangen.

Eines der bedeutendsten Ergebnisse der rabbinischen Debatte ist die Entwicklung der Responsa-Literatur oder She'elot U-Teshuvot. Responsa sind schriftliche Antworten von Rabbinern auf spezifische Rechtsfragen von Einzelpersonen oder Gemeinschaften. Diese Texte beinhalten oft detaillierte Analysen und Debatten und stützen sich dabei auf den Talmud und andere rabbinische Quellen, um maßgebliche Entscheidungen zu treffen. Die Responsa-Literatur umfasst viele Jahrhunderte und deckt ein breites Themenspektrum ab, von religiösen Ritualen bis hin zum Zivilrecht.

Responsa spielen eine entscheidende Rolle bei der Anpassung des jüdischen Rechts an neue Situationen. Beispielsweise könnte eine Gemeinschaft um Rat für die Einhaltung des Sabbats in einer Industriegesellschaft bitten, oder eine Einzelperson könnte nach den ethischen Implikationen eines neuen medizinischen Verfahrens fragen. Bei der Beantwortung dieser Fragen beteiligen sich Rabbiner an Debatten und Analysen und berücksichtigen dabei die relevanten Prinzipien und Präzedenzfälle. Ihre Entscheidungen tragen zur Weiterentwicklung des jüdischen Rechts bei und stellen sicher, dass es relevant bleibt und auf aktuelle Herausforderungen reagiert.

Ein weiterer wichtiger Aspekt der rabbinischen Debatte ist ihre Rolle bei der Förderung des gemeinschaftlichen Zusammenhalts und des ethischen Verhaltens. Indem sie sich an der Debatte beteiligen, modellieren Rabbiner einen Prozess respektvoller Meinungsverschiedenheiten und eines konstruktiven Dialogs. Dieser Ansatz trägt dazu bei, ein Gemeinschaftsgefühl und gemeinsame Werte aufzubauen, auch angesichts unterschiedlicher Meinungen. Es betont auch die Bedeutung ethischen Verhaltens, da in Debatten häufig die moralischen Dimensionen rechtlicher Fragen erörtert werden. Beispielsweise könnten Diskussionen über Wohltätigkeit das Gleichgewicht zwischen individueller Verantwortung und gemeinschaftlicher Unterstützung berücksichtigen, oder Debatten über Geschäftsethik könnten sich mit Fragen der Ehrlichkeit und Fairness befassen.

Rabbinische Debatten unterstreichen auch die Bedeutung von Absicht und Kontext bei rechtlichen Entscheidungen. Der Talmud berücksichtigt oft die Beweggründe und Umstände hinter Handlungen und erkennt an, dass dasselbe Verhalten je nach Kontext unterschiedliche Auswirkungen haben kann. Dieser Fokus auf Absicht und Kontext ermöglicht eine flexiblere und mitfühlendere Anwendung des Gesetzes unter Berücksichtigung der Komplexität menschlichen Verhaltens.

Rabbinische Debatten sind ein grundlegender Aspekt des jüdischen Rechts und der jüdischen Tradition. Sie sorgen dafür, dass das Recht dynamisch und anpassungsfähig bleibt, fördern kritisches Denken und intellektuelle Strenge und helfen, Rechtsgrundsätze zu klären und zu verfeinern. Durch die dialektische Methode des Pilpul führen Rabbiner einen lebendigen und konstruktiven Dialog, erkunden unterschiedliche Perspektiven und gelangen zu einem tieferen Verständnis des Gesetzes. Die Responsa-Literatur und die Betonung von Absicht und Kontext tragen weiter zur Entwicklung des jüdischen Rechts bei und stellen sicher, dass es relevant bleibt und auf die Bedürfnisse der Gemeinschaft eingeht. Letztendlich spiegeln rabbinische Debatten die Werte Demut, Zusammenarbeit und ethisches Verhalten wider und leiten das jüdische Volk in seinem Streben nach Gerechtigkeit und Heiligkeit.

KAPITEL 4

Jüdisches Gesetz (Halacha)

Die Struktur und Quellen des jüdischen Gesetzes (Halacha)

Das jüdische Gesetz, bekannt als Halacha, ist ein umfassendes System, das nahezu jeden Aspekt des jüdischen Lebens regelt. Es umfasst religiöse Rituale, ethisches Verhalten und Zivilangelegenheiten und bietet einen Rahmen für ein Leben im Einklang mit jüdischen Werten und Traditionen. Die Struktur und die Quellen der Halacha sind komplex, wurzeln in alten Texten und sind durch jahrhundertelange rabbinische Interpretationen und Debatten geprägt.

Die Hauptquelle des jüdischen Rechts ist die Thora, die aus den ersten fünf Büchern der hebräischen Bibel besteht: Genesis, Exodus, Levitikus, Numeri und Deuteronomium. Die Thora gilt als grundlegender Text des Judentums und enthält die Gebote, Geschichten und Lehren, die den jüdischen Glauben definieren. In der Tora gibt es 613 Gebote oder Mizwot, zu denen sowohl positive Gebote (Dinge, die Juden tun müssen) als auch negative Gebote (Dinge, die Juden nicht tun dürfen) gehören. Diese Gebote decken ein breites Spektrum von Bereichen ab, darunter religiöse Einhaltung, moralisches Verhalten und soziale Gerechtigkeit.

Während die Thora die Grundlage bildet, werden die Interpretation und Anwendung ihrer Gebote im Talmud ausführlich erläutert. Der Talmud ist ein zentraler Text im rabbinischen Judentum und besteht aus zwei Hauptbestandteilen: der Mischna und der Gemara. Die Mischna, die um 200 n. Chr. von Rabbi Juda, dem Fürsten, zusammengestellt wurde, organisiert jüdische mündliche Überlieferungen in einem schriftlichen Gesetzeskodex. Es ist in sechs Orden unterteilt, die sich jeweils mit unterschiedlichen Aspekten des jüdischen Lebens befassen, wie etwa Agrargesetze, Feste, Familienangelegenheiten, Zivil- und Strafrecht, Tempeldienst und rituelle Reinheit.

Die Gemara, die im Laufe der nächsten Jahrhunderte zusammengestellt wurde, ist ein Kommentar zur Mischna, der ihre Lehren erforscht und erweitert. Die Gemara umfasst Debatten, Interpretationen und Geschichten, die einen tieferen Einblick in die in der Mischna dargelegten Gesetze ermöglichen. Zusammen bilden Mischna und Gemara den Talmud, der in zwei Versionen unterteilt ist: den babylonischen Talmud und den Jerusalemer Talmud. Der babylonische Talmud ist umfassender und die am häufigsten untersuchte Version.

Rabbinische Urteile und Kommentare sind ebenfalls wesentliche Quellen der Halacha. Im Laufe der Geschichte haben Rabbiner umfangreiche Kommentare zur Thora und zum Talmud verfasst und Interpretationen und Rechtsurteile angeboten, die auf neue Situationen und Herausforderungen eingehen. Einer der berühmtesten rabbinischen Kommentatoren ist Raschi, der im 11. Jahrhundert lebte. Raschis Kommentare zur Tora und zum Talmud werden wegen ihrer Klarheit und Tiefe hoch geschätzt und liefern wesentliche Erkenntnisse, die zur Erklärung des Textes beitragen.

Maimonides, ein weiterer einflussreicher rabbinischer Gelehrter, verfasste im 12. Jahrhundert die Mischne-Tora. Dieses Werk organisiert und kodifiziert das jüdische Recht systematisch und macht es so zugänglicher und leichter zu studieren. Die Mischne Tora deckt alle Aspekte des jüdischen Lebens ab, von täglichen Ritualen bis hin zu ethischem Verhalten und Zivilrecht. Maimonides' logischer und umfassender Ansatz hat sein Werk zu einem dauerhaften Referenzwerk für die jüdische Rechtspraxis gemacht.

Der Shulchan Aruch, geschrieben von Rabbi Joseph Caro im 16. Jahrhundert, ist ein weiterer Schlüsseltext im Studium der Halacha. Der Shulchan Aruch ist eine Kodifizierung des jüdischen Gesetzes, die klare und praktische Leitlinien für die tägliche Einhaltung bietet. Es ist in vier Abschnitte unterteilt: Orach Chayim (Gesetze des täglichen Lebens und Feste), Yoreh De'ah (Gesetze der Kaschrut, Reinheit und andere Themen), Even HaEzer (Gesetze von Ehe und Familie) und Choshen Mishpat (bürgerliche und bürgerliche Gesetze). Strafrecht). Rabbi Moses Isserles, bekannt als Rema, fügte dem Shulchan Aruch Glossen hinzu, um aschkenasische Bräuche und Praktiken einzubeziehen, was ihn zu einem umfassenden Leitfaden für Juden unterschiedlicher Herkunft machte.

Zusätzlich zu diesen Hauptwerken spielen rabbinische Responsa oder She'elot U-Teshuvot eine entscheidende Rolle bei der Entwicklung der Halacha. Responsa sind schriftliche Antworten von

Rabbinern auf spezifische Rechtsfragen von Einzelpersonen oder Gemeinschaften. Diese Texte beinhalten oft detaillierte Analysen und Debatten und stützen sich dabei auf die Thora, den Talmud und andere rabbinische Quellen, um maßgebliche Entscheidungen zu treffen. Die Responsa-Literatur umfasst viele Jahrhunderte und deckt ein breites Themenspektrum ab, von religiösen Ritualen bis hin zum Zivilrecht.

Responsa hilft dabei, das jüdische Recht an neue Situationen und Herausforderungen anzupassen. Beispielsweise könnten zeitgenössische Rabbiner Antworten schreiben, in denen sie sich mit Fragen im Zusammenhang mit moderner Technologie, medizinischer Ethik oder sozialen Veränderungen befassen. Durch detaillierte Analysen und Debatten stellen sie sicher, dass das jüdische Recht relevant bleibt und auf aktuelle Bedürfnisse eingeht. Dieser Interpretations- und Anpassungsprozess spiegelt die dynamische Natur der Halacha wider, die sich im

Laufe der Zeit weiterentwickelt und gleichzeitig in alten Traditionen verwurzelt bleibt.

Eine weitere wichtige Quelle der Halacha sind die Minhagim oder Bräuche, die sich in verschiedenen jüdischen Gemeinden entwickelt haben. Bräuche können aufgrund geografischer, kultureller und historischer Faktoren stark variieren. Beispielsweise haben sephardische Juden (Nachkommen von Juden aus Spanien, Portugal und dem Nahen Osten) und aschkenasische Juden (Nachkommen von Juden aus Mittel- und Osteuropa) unterschiedliche liturgische Praktiken, Ernährungsbräuche und rituelle Bräuche. Bräuche sind zwar nicht so verbindlich wie die aus der Tora und dem Talmud abgeleiteten Gesetze, spielen jedoch eine wichtige Rolle bei der Gestaltung des täglichen Lebens und der Identität jüdischer Gemeinden.

Der Prozess des Studiums und der Interpretation der Halacha ist kontinuierlich und gemeinschaftlich. Jüdische Gelehrte und Studenten nehmen an intensiven Studien teil, oft in Paaren oder Gruppen, um Texte zu analysieren, Interpretationen zu diskutieren und Rechtsgrundsätze zu erforschen. Diese als Chavruta bekannte Lernmethode fördert kritisches Denken, Dialog und die Entwicklung tiefer, persönlicher Verbindungen zum Stoff. Durch Chavruta lernen die Schüler, ihr Verständnis des jüdischen Rechts zu hinterfragen, zu debattieren und zu verfeinern.

Das halachische Studium orientiert sich auch an ethischen Grundsätzen und Werten. Das jüdische Gesetz legt Wert auf Gerechtigkeit, Mitgefühl und Respekt vor der Menschenwürde. Diese Werte fließen in rechtliche Entscheidungen ein und stellen sicher, dass Halacha nicht nur die Einhaltung ritueller Rituale, sondern auch ethisches Verhalten fördert. Beispielsweise spiegeln Gesetze im Zusammenhang mit Wohltätigkeit (Zedakah), fairen Geschäftspraktiken und der Behandlung anderer die ethischen Dimensionen der Halacha wider.

Die Struktur und die Quellen der Halacha haben ihre Wurzeln in der Thora, wurden durch den Talmud erweitert und durch rabbinische Regelungen und Antworten weiterentwickelt. Wichtige Werke wie die Mischne Tora und der Shulchan Aruch bieten umfassende Leitfäden zum jüdischen Recht, während Minhagim die vielfältigen Bräuche jüdischer Gemeinden widerspiegeln. Das Studium und die Interpretation der Halacha sind dynamische Prozesse, die eine gründliche Analyse, Debatte und ethische Reflexion erfordern. Durch diese kontinuierliche Auseinandersetzung mit jüdischen Texten und Traditionen bleibt die Halacha ein lebendiger, sich entwickelnder Rahmen, der das tägliche Leben und ethische Verhalten von Juden auf der ganzen Welt leitet.

Tägliche Praktiken und Rituale

Tägliche Praktiken und Rituale sind von zentraler Bedeutung für das jüdische Leben und geben ihm von morgens bis abends Struktur und Bedeutung.

Das jüdische Gesetz oder Halacha schreibt verschiedene Aktivitäten vor, die dem Einzelnen helfen, sich mit seinem Glauben, seiner Gemeinschaft und Gott zu verbinden. Diese Praktiken sollen alltäglichen Handlungen eine spirituelle Bedeutung verleihen und Juden an ihre Verpflichtungen und Werte erinnern.

Eines der ersten Rituale des Tages beginnt direkt nach dem Aufwachen. Die jüdische Tradition ermutigt Einzelpersonen, das „Modeh Ani"-Gebet zu rezitieren, einen kurzen, aber bedeutungsvollen Ausdruck der Dankbarkeit für das Geschenk eines neuen Tages. Dieses Gebet setzt einen positiven Ton und fördert vom Beginn des Tages an eine Haltung der Dankbarkeit. Nachdem Juden ihre Hände auf eine bestimmte Weise gewaschen haben, die als „Netilat Yadayim" bekannt ist und spirituelle Reinheit symbolisiert, sind sie bereit, ihre Morgenroutinen fortzusetzen.

Morgengebete oder „Shacharit" sind ein Eckpfeiler der täglichen jüdischen Praxis. Diese Gebete können einzeln oder vorzugsweise mit einem Minjan gesprochen werden, einem Quorum von zehn erwachsenen Juden, das für den gemeinsamen Gottesdienst erforderlich ist. Der Shacharit-Gottesdienst umfasst mehrere Schlüsselgebete, wie das „Shema", eine Glaubenserklärung an einen Gott, und die „Amidah", eine Reihe von Segnungen, die verschiedene Aspekte des Lebens abdecken, von Gesundheit bis Frieden. Während dieser Gebete wird der Tallit, ein Gebetsschal, getragen, zusammen mit Tefillin, kleinen schwarzen Kästchen mit Schriftrollen mit Tora-Versen, die zur Erinnerung an Gottes Gebote an Arm und Stirn gebunden werden.

Nach dem Morgengebet beginnen normalerweise die Aktivitäten des Tages, aber das jüdische Gesetz bestimmt weiterhin das Verhalten und die Entscheidungen. Beispielsweise regeln

Ernährungsgesetze, bekannt als „Kashrut", welche Lebensmittel gegessen werden dürfen und wie sie zubereitet werden sollten. Zu diesen Gesetzen gehören Verbote des Verzehrs bestimmter Tiere wie Schweinefleisch und Schalentiere sowie Vorschriften zur Trennung von Fleisch und Milchprodukten. Die Einhaltung dieser Ernährungsbeschränkungen ist eine tägliche Praxis, die Juden mit ihrem Erbe verbindet und Achtsamkeit bei der Auswahl von Lebensmitteln fördert.

Den ganzen Tag über werden Juden dazu ermutigt, beim Essen und Trinken und bei verschiedenen anderen Gelegenheiten Segenssprüche oder „Brachot" zu rezitieren. Diese Segnungen würdigen Gottes Rolle bei der Bereitstellung von Lebensunterhalt und anderen Wohltaten. Zum Beispiel rezitiert man vor dem Brotessen den „Hamotzi"-Segen, während verschiedene Segnungen über Obst, Gemüse und andere Lebensmittel gesprochen werden. Es gibt auch

Segen, wenn man Naturwunder sieht, gute Nachrichten hört und Mizwot (Gebote) erfüllt. Diese Segnungen schaffen Gelegenheiten für häufige, bewusste Momente der Dankbarkeit und des Nachdenkens.

Im Laufe des Tages ergeben sich weitere Gebetsmöglichkeiten. Der „Mincha"-Gottesdienst oder Nachmittagsgebet umfasst die Amida und andere Gebete. Er ist normalerweise kürzer als der Morgengottesdienst, bleibt aber ein wichtiger Teil des täglichen Gottesdienstes. Das Beten zu festen Zeiten hilft dabei, den Tag rund um die spirituelle Praxis zu strukturieren und bietet regelmäßige Pausen zum Nachdenken und zur Verbindung mit Gott.

Abendgebete oder „Ma'ariv" schließen den Gebetszyklus des Tages ab. Wie die Morgen- und Nachmittagsgottesdienste umfasst Ma'ariv das Schema und die Amida. Ein wichtiger Teil des Abendrituals ist das Rezitieren des Shema vor dem

Schlafengehen, das als letzte bewusste Handlung des Tages den Glauben an Gott bekräftigt. Diese Praxis stärkt das Gefühl der Kontinuität und Hingabe, auch in der Ruhe.

Der Schabbat, der jüdische Sabbat, stellt einen Höhepunkt wöchentlicher Praktiken dar und bietet eine besondere Zeit der Ruhe und spirituellen Erneuerung. Von Freitagabend bis Samstagnacht verzichten Juden auf die Arbeit und gehen erholsamen Aktivitäten nach. Zur Einhaltung des Schabbats gehören das Anzünden von Kerzen, das Rezitieren von Segenswünschen bei Wein (Kiddusch) und das gemeinsame Festessen. Die „Hawdala"-Zeremonie markiert das Ende des Schabbats und symbolisiert mit einer geflochtenen Kerze, Wein und duftenden Gewürzen den Übergang zurück zur gewöhnlichen Woche.

Das jüdische Gesetz schreibt auch Praktiken im Zusammenhang mit sozialem Verhalten und ethischem Verhalten vor. Die Eltern zu ehren, sich freundlich zu verhalten und andere mit Respekt und Fairness zu behandeln, sind tägliche Pflichten. Wohltätigkeit oder „tzedakah" ist ein zentraler Grundsatz, der Juden dazu ermutigt, Bedürftige zu unterstützen. Diese ethischen Praktiken gelten ebenso wie rituelle Bräuche als integraler Bestandteil des jüdischen Lebens.

Lernen und Studieren sind auch im Judentum alltägliche Praktiken. Das Studium der Thora und anderer jüdischer Texte wird sehr geschätzt, da man davon überzeugt ist, dass die Auseinandersetzung mit heiligen Texten das spirituelle Wachstum und das Verständnis fördert. Dies kann in Form von persönlichem Lernen, dem Besuch von Kursen oder der Teilnahme an Lerngruppen erfolgen. Regelmäßige Lernsitzungen, sei es das Lesen eines Teils der Thora, die Erkundung des Talmuds oder die Diskussion zeitgenössischer jüdischer Gedanken, tragen dazu bei, das eigene Wissen und die Verbindung zu jüdischen Traditionen zu vertiefen.

Zusätzlich zu diesen strukturierten Praktiken fördert das jüdische Gesetz Achtsamkeit in Sprache und Verhalten. Der Grundsatz des „lashon hara", der schädlichen Rede, lehrt Juden, Klatsch zu vermeiden und freundlich über andere zu sprechen. Diese tägliche Praxis fördert eine positive und respektvolle Gemeinschaftsatmosphäre. In ähnlicher Weise leitet das Konzept von „derech eretz", was angemessenes Verhalten oder Etikette bedeutet, Juden dazu an, sich in allen Interaktionen mit Würde und Respekt zu verhalten.

Zu jüdischen Ritualen gehören auch Lebenszyklusereignisse, bei denen es sich um bedeutende Meilensteine handelt, die durch bestimmte Praktiken und Zeremonien gekennzeichnet sind. Beispielsweise wird die Geburt eines Kindes mit einer „Brit Milah" (Beschneidung) für Jungen oder einer Namensgebung für Mädchen gefeiert. Die „Bar Mizwa" oder „Bat Mizwa" markiert den Übergang ins Erwachsenenalter, wobei Jungen und Mädchen die Verantwortung des jüdischen Gesetzes übernehmen. Auch die Hochzeit wird mit traditionellen Zeremonien gefeiert, darunter die Unterzeichnung einer „Ketuba" (Ehevertrag) und das Zerbrechen eines Glases zur Erinnerung an die Zerstörung des Tempels in Jerusalem, selbst bei freudigen Anlässen.

Todes- und Trauerrituale, wie das Sitzen „Shiva" (eine siebentägige Trauerzeit) und das Rezitieren des „Kaddish"-Gebets, bieten Halt und Struktur in Zeiten des Verlusts. Diese Praktiken helfen Trauernden, mit der Trauer umzugehen und gleichzeitig die Verbindung zur Gemeinschaft und Tradition aufrechtzuerhalten.

Jüdische Alltagspraktiken und Rituale sind eng mit allen Aspekten des Lebens verknüpft und bestimmen das Verhalten vom Aufwachen bis zum Schlafengehen. Morgen-, Nachmittags- und Abendgebete sorgen für einen Rhythmus des

Gottesdienstes den ganzen Tag über. Ernährungsgesetze, Segnungen und ethisches Verhalten sind in die täglichen Aktivitäten eingebunden und fördern ein kontinuierliches Bewusstsein für spirituelle und moralische Werte. Studium und Lernen stehen im Vordergrund und fördern das persönliche und gemeinschaftliche Wachstum. Lebenszyklusereignisse und die Einhaltung des Schabbats bieten besondere Gelegenheiten zum Feiern und Nachdenken. Zusammen bilden diese Praktiken einen umfassenden Rahmen für ein Leben voller Glauben, Tradition und Sinn.

Einhaltung des Sabbats und der Feiertage

Die Einhaltung des Schabbats und großer jüdischer Feste sind wesentliche Bestandteile des jüdischen Lebens, jedes mit seinen eigenen Gesetzen und Bräuchen, die dem Jahr Rhythmus und Bedeutung verleihen. Der Schabbat, der am Freitag bei Sonnenuntergang beginnt und am Samstag bei

Einbruch der Dunkelheit endet, ist ein wöchentlicher Tag der Ruhe und spirituellen Bereicherung. Die großen jüdischen Feste, darunter Pessach, Schawuot, Rosch Haschana, Jom Kippur, Sukkot und Chanukka, markieren wichtige historische und religiöse Ereignisse, die jeweils mit einzigartigen Traditionen und Ritualen gefeiert werden.

Der Schabbat ist ein vom Rest der Woche abgegrenzter Tag, der der Ruhe, dem Gebet und der Familie gewidmet ist. Die Feier des Schabbats beginnt am Freitagabend mit dem Anzünden von Kerzen, einem Ritual, das den Übergang von der gewöhnlichen Woche zur heiligen Zeit des Schabbats markiert. Dies geschieht normalerweise durch die Frau des Hauses, die über den Kerzen einen Segen spricht und so Licht und Frieden ins Haus bringt.

Nach dem Anzünden der Kerze versammelt sich die Familie zu einem festlichen Essen, das mit der

Rezitation des Kiddusch, einem Segen bei einer Tasse Wein, beginnt. Dieser Segen heiligt den Tag und drückt die Dankbarkeit für das Geschenk des Schabbats aus. Zu der Mahlzeit gehört typischerweise Challah, ein besonderes geflochtenes Brot, das gesegnet und unter den Anwesenden geteilt wird. Das Abendessen besteht oft aus traditionellen Gerichten und ist eine Zeit der Entspannung und des Genusses.

Eines der zentralen Verbote des Schabbats ist die Vermeidung von Arbeit oder „Melacha". Dieses Konzept umfasst 39 Kategorien kreativer Aktivitäten, wie Kochen, Feuer anzünden, Schreiben und die Nutzung elektrischer Geräte. Der Zweck dieser Einschränkungen besteht darin, eine erholsame und friedliche Umgebung zu schaffen, die es dem Einzelnen ermöglicht, sich auf spirituelle und persönliche Reflexion zu konzentrieren, ohne durch alltägliche Aufgaben abgelenkt zu werden.

Während des Schabbats besuchen Juden Gottesdienste in der Synagoge, wo sie an Gebeten und der Lektüre der Thora teilnehmen. Ein Highlight ist die Tora-Lesung am Schabbat, bei der jede Woche ein bestimmter Teil vorgelesen wird, sodass die gesamte Thora im Laufe des Jahres fertiggestellt wird. Diese Gottesdienste fördern das Gemeinschaftsgefühl und bieten Gelegenheit zum gemeinsamen Gottesdienst und Lernen.

Das Ende des Schabbats wird durch die Hawdala-Zeremonie markiert, ein multisensorisches Ritual, das die Trennung zwischen der heiligen Zeit des Schabbats und den gewöhnlichen Wochentagen darstellt. Diese Zeremonie beinhaltet Segnungen bei Wein, duftenden Gewürzen und einer besonderen geflochtenen Kerze und bildet einen unvergesslichen und bedeutungsvollen Abschluss des Ruhetages.

Jüdische Feste oder „Chagim" haben jeweils ihre eigenen Bräuche und Bräuche. Mit Pessach oder

Pessach wird der Auszug aus Ägypten und die Befreiung der Israeliten aus der Sklaverei gefeiert. Es beginnt mit dem Seder, einem festlichen Mahl, zu dem auch die Lektüre der Haggada gehört, einem Text, der die Geschichte des Exodus erzählt. Während der acht Tage des Pessachfestes verzichten Juden darauf, Sauerteigbrot oder Chamez zu essen, um an die Eile zu erinnern, mit der die Israeliten Ägypten verließen, da sie keine Zeit hatten, ihr Brot aufgehen zu lassen.

Schawuot, das sieben Wochen nach Pessach stattfindet, erinnert an die Übergabe der Thora am Berg Sinai. Es wird mit der Lesung der Zehn Gebote gefeiert und es ist üblich, die ganze Nacht über die Thora zu studieren. Traditionell werden Milchprodukte wie Käsekuchen und Blintze gegessen, die die Süße der Thora und das Land, in dem Milch und Honig fließen, symbolisieren.

Rosch Haschana, das jüdische Neujahr, ist eine Zeit der Besinnung, Reue und Erneuerung. Es wird mit dem Blasen des Schofars, eines Widderhorns, begangen, das als Ruf dient, die Seele zu erwecken und zur Selbstbeobachtung anzuregen. Traditionelle Speisen wie in Honig getunkte Äpfel werden gegessen, um die Hoffnung auf ein süßes neues Jahr zu symbolisieren.

Jom Kippur, der Versöhnungstag, ist der heiligste Tag des jüdischen Kalenders. Es ist ein Tag des Fastens, des Gebets und der Reue, an dem Juden um Vergebung für ihre Sünden bitten und sich um Wiedergutmachung bemühen. Der Tag wird in der Synagoge mit intensiven Gebetsgottesdiensten verbracht, zu denen auch die Rezitation des Vidui oder das Bekenntnis der Sünden gehört.

Sukkot, das Laubhüttenfest, erinnert an die Reise der Israeliten durch die Wüste und ihr Vertrauen auf Gott. Während dieses siebentägigen Festes wohnen Juden in provisorischen Gebäuden namens Sukkot, die an die Unterkünfte erinnern, die sie während ihres Wüstenaufenthalts nutzten. Die Laubhütte ist mit Grünpflanzen und Früchten geschmückt und die Mahlzeiten werden darin eingenommen. Ein weiteres Schlüsselritual von Sukkot ist das Winken von Lulav und Etrog, symbolischen Pflanzen, die verschiedene Aspekte der Natur und menschlicher Qualitäten darstellen.

Chanukka, das Lichterfest, feiert die Wiedereinweihung des Zweiten Tempels in Jerusalem und das Wunder des Öls, das acht Tage lang brannte. An jedem Chanukka-Abend wird eine Kerze auf der Menora angezündet und jeden Abend eine weitere Kerze hinzugefügt, bis alle acht angezündet sind. Es werden traditionelle, in Öl frittierte Speisen wie Latkes (Kartoffelpuffer) und Sufganiyot (Gelee-Donuts) gegessen und Spiele wie Dreidel gespielt.

Simchat Tora markiert den Abschluss des jährlichen Tora-Lesezyklus und den Beginn eines neuen Zyklus. Es ist ein fröhliches Fest mit Gesang, Tanz und Prozessionen mit Thorarollen. Dieses Fest betont die Bedeutung der Thora im jüdischen Leben und die Freude an ihren Lehren.

Purim, ein Fest, das an die Rettung des jüdischen Volkes vor Hamans Verschwörung im Buch Esther erinnert, wird mit der Lektüre der Megilla (Buch Esther), Essensgaben, Almosen für die Armen und einem festlichen Essen gefeiert. Oft werden Kostüme und Masken getragen und die Geschichte von Esther wird auf spielerische Weise dramatisiert, was den Feiertag, besonders für Kinder, zu einem besonders unterhaltsamen und spannenden Feiertag macht.

Diese Feste und die Einhaltung des Schabbats bilden einen Rahmen für das jüdische Leben und bereichern es mit Bedeutung, Tradition und gemeinschaftlichen Bindungen. Jedes Ritual und jeder Brauch dient als Erinnerung an die jüdische Geschichte, die Werte und die kontinuierliche Beziehung zu Gott. Durch diese Praktiken verbinden sich Juden mit ihrem Erbe, feiern ihre

Identität und finden Inspiration und Führung in ihrem täglichen Leben.

KAPITEL 5

Jüdisches Gebet und Gottesdienst

Die Synagoge: Zentrum des jüdischen Gottesdienstes

Die Synagoge, oder Schul, nimmt einen zentralen Platz im jüdischen Gottesdienst und im Gemeinschaftsleben ein. Es dient als Gebetshaus, Studienort und Treffpunkt für die jüdische Gemeinde. Das Wort „Synagoge" kommt vom griechischen Wort für „Versammlung" und spiegelt ihre Rolle als gemeinschaftlicher Knotenpunkt wider. Auf Hebräisch wird es oft „beit knesset" genannt, was „Versammlungshaus" bedeutet.

Im Herzen der Synagoge befindet sich die Bundeslade oder „Aron Kodesh", in der die Thorarollen aufbewahrt werden. Diese Schriftrollen sind von zentraler Bedeutung für den jüdischen Gottesdienst und werden sorgfältig handschriftlich auf Pergament geschrieben. Die Bundeslade ist typischerweise an der Ostwand mit Blick auf Jerusalem positioniert und symbolisiert die Verbindung zum Heiligen Land. Wenn die Bundeslade geöffnet wird, um die Thorarollen herauszunehmen, ist das ein Moment der Ehrfurcht und Ehrfurcht, der die Heiligkeit der Thora hervorhebt.

Der Gottesdienst in der Synagoge ist rund um das Gebet und das Lesen der Thora aufgebaut. Jüdische Gebetsgottesdienste finden dreimal täglich statt: Shacharit (morgens), Mincha (nachmittags) und Ma'ariv (abends). Am Schabbat und an Feiertagen wird ein zusätzlicher Gottesdienst namens Musaf hinzugefügt. Zu diesen Gottesdiensten gehören eine Reihe von Gebeten und Segnungen, wie das Schema, das die Einheit Gottes verkündet, und die Amida, eine Reihe von 18 Segnungen, die im Stehen rezitiert werden.

Die Thora-Lesung ist ein zentraler Bestandteil des Synagogengottesdienstes. Montags, donnerstags und samstags wird ein Teil der Thora vorgelesen. Diese Praxis stellt sicher, dass die gesamte Tora im Laufe eines Jahres gelesen wird. Am Schabbat ist die Thora-Lesung länger und wird oft von einer Lesung aus der Haftara, einer Auswahl aus den Propheten, begleitet. Die öffentliche Lesung der Thora ist eine gemeinschaftliche Veranstaltung, bei der die Mitglieder der Gemeinde aufgefordert werden, vor und nach der Lesung jedes Abschnitts Segenssprüche zu rezitieren.

Die Synagoge dient auch als Zentrum jüdischer Bildung. Viele Synagogen haben angeschlossene Schulen oder bieten Religionsunterricht für Kinder und Erwachsene an. Diese Bildungsprogramme decken ein breites Themenspektrum ab, darunter hebräische Sprache, jüdische Geschichte, Thorastudium und religiöse Praktiken. Ziel ist es, das Verständnis der Gemeinschaft für ihren Glauben und ihr Erbe zu vertiefen und die Weitergabe jüdischen Wissens von einer Generation zur nächsten sicherzustellen.

Neben ihrer Rolle im Gottesdienst und in der Bildung ist die Synagoge auch ein Ort sozialer und gemeinschaftlicher Aktivitäten. Hier finden Veranstaltungen wie Lebenszyklusfeiern statt, darunter Bar- und Bat-Mitzwa, Hochzeiten und Brit Milah (Beschneidungszeremonien). Diese Veranstaltungen stärken die Bindungen innerhalb der Gemeinschaft und vermitteln ein Gefühl der Zugehörigkeit und Unterstützung.

Einer der wichtigsten Aspekte der Synagoge ist ihre Funktion als Versammlungshaus. Es ist ein Ort, an dem sich Juden nicht nur zu religiösen Zwecken versammeln, sondern auch zur sozialen Interaktion und zur Unterstützung der Gemeinschaft. Dieser gemeinschaftliche Aspekt ist entscheidend für die Förderung des Zusammengehörigkeitsgefühls und der gemeinsamen Identität unter den Mitgliedern. In

Zeiten der Freude und des Leids kommt die Synagogengemeinschaft zusammen, um zu feiern und Trost und Unterstützung zu spenden.

Auch bei karitativen Aktivitäten spielt die Synagoge eine entscheidende Rolle. In vielen Synagogen gibt es Komitees, die sich für soziales Handeln und Wohltätigkeit einsetzen und Hilfsmaßnahmen für Bedürftige innerhalb und außerhalb der Gemeinde organisieren. Dazu können Lebensmittelaktionen, Kleiderspenden und ehrenamtliche Arbeit gehören. Diese Aktivitäten spiegeln den jüdischen Wert von „tikkun olam" oder der Wiederherstellung der Welt wider und betonen die Bedeutung sozialer Gerechtigkeit und der Hilfe für andere.

Synagogen variieren in Größe und Stil, von großen, kunstvollen Gebäuden bis hin zu kleinen, bescheidenen Räumen. Unabhängig von ihrer physischen Erscheinung liegt das Wesen der Synagoge in ihrer Funktion als spirituelles und gemeinschaftliches Zentrum. Die Architektur einer

Synagoge umfasst oft Symbole und Elemente, die
die jüdische Tradition widerspiegeln, wie zum
Beispiel den Davidstern, die Menora und hebräische
Inschriften. Diese Designelemente verstärken das
Gefühl eines heiligen Raums und verbinden die
Gläubigen mit ihrem religiösen Erbe.

In der Synagoge ist die Rolle des Rabbiners von
zentraler Bedeutung. Der Rabbiner fungiert als
spiritueller Führer, Lehrer und Führer für die
Gemeinschaft. Sie leiten Gottesdienste, halten
Predigten, leisten Seelsorge und bieten Beratung in
religiösen und ethischen Fragen. Auch der Kantor
oder „Chazzan" spielt eine wichtige Rolle und leitet
die Gemeinde im Gebet und Gesang. Ihr Wissen
über liturgische Melodien und ihre Fähigkeit, durch
Musik zu inspirieren, bereichern das
Gottesdiensterlebnis.

Für Kinder ist die Synagoge oft der erste Einstieg in
das jüdische Leben und Lernen. Viele Synagogen
verfügen über Religionsschulen oder

Hebräischschulen, die Unterricht in jüdischen Traditionen, Feiertagen und hebräischer Sprache anbieten. Diese Programme sind ansprechend und interaktiv gestaltet und helfen Kindern, sich auf sinnvolle Weise mit ihrem Erbe zu verbinden. Aktivitäten wie Feiertagsfeiern, Kunsthandwerk und Geschichtenerzählen machen das Lernen über das Judentum unterhaltsam und unvergesslich.

Die Rolle der Synagoge reicht über die Mauern des Gebäudes hinaus. Es dient als Anlaufstelle für die jüdische Gemeinde und fördert das Zugehörigkeits- und Identitätsgefühl. Ob durch Gebete, Studien, gesellschaftliche Veranstaltungen oder Wohltätigkeitsaktivitäten – die Synagoge trägt dazu bei, eine lebendige und unterstützende Gemeinschaft zu schaffen. Es ist ein Ort, an dem Einzelpersonen ihre Spiritualität erkunden, ihr Wissen vertiefen und mit anderen in Kontakt treten können, die ihren Glauben und ihre Werte teilen.

Die Synagoge ist viel mehr als nur ein Ort der Andacht. Es ist das Herzstück des jüdischen Gemeinschaftslebens und bietet einen Raum für Gebet, Bildung, soziale Interaktion und gemeinschaftliche Unterstützung. Durch ihre verschiedenen Funktionen und Aktivitäten trägt die Synagoge zur Erhaltung und Bereicherung des jüdischen Lebens bei und stellt sicher, dass die Traditionen und Werte des Judentums über Generationen hinweg weitergegeben werden.

Der Siddur: Jüdisches Gebetbuch

Der Siddur ist das jüdische Gebetbuch, ein unverzichtbarer Begleiter für Tages- und Feiertagsgebete. Sein Name kommt vom hebräischen Wort „seder", was „Ordnung" bedeutet und die strukturierte Anordnung der Gebete auf seinen Seiten widerspiegelt. Der Siddur führt Juden durch die verschiedenen Phasen ihres Gebetsgottesdienstes und bietet eine konsistente und sinnvolle Möglichkeit, sich mit Gott zu verbinden. Es ist eine Sammlung jahrhundertelanger

Tradition, Liturgie und religiöser Poesie und bietet
einen reichhaltigen Wandteppich mit Worten, die
Einzelpersonen dabei helfen, ihre Hingabe,
Dankbarkeit und Hoffnungen auszudrücken.

Im Mittelpunkt des Siddur stehen mehrere
Schlüsselgebete, die täglich rezitiert werden. Das
zentralste Gebet ist das Amidah, auch bekannt als
Shemoneh Esrei, was „Achtzehn Segnungen"
bedeutet. Obwohl es ursprünglich aus achtzehn
Segnungen bestand, wurde später ein neunzehnter
hinzugefügt, sodass sich die Gesamtzahl auf
neunzehn erhöhte. Die Amida wird im Stehen und
in einem ruhigen, persönlichen Ton rezitiert und
symbolisiert ein direktes und inniges Gespräch mit
Gott. Dieses Gebet beinhaltet unter anderem Bitten
um Weisheit, Gesundheit, Vergebung und Frieden
und spiegelt ein umfassendes Spektrum
menschlicher Bedürfnisse und Wünsche wider.

Ein weiteres grundlegendes Gebet im Siddur ist das
Shema, das die Einheit Gottes verkündet und

zweimal täglich, morgens und abends, rezitiert wird. Das Schema besteht aus drei Absätzen aus der Tora, in denen die Liebe und Hingabe an Gott, die Bedeutung der Vermittlung dieser Werte an Kinder und die Erinnerung an Gottes Gebote betont werden. Das Schma wird oft als das wichtigste Gebet im Judentum angesehen, weil es den Kernglauben des Monotheismus auf den Punkt bringt.

Zum Siddur gehören auch die Morgensegen oder Birkot HaShachar, die beim Aufwachen rezitiert werden. Diese Segnungen drücken die Dankbarkeit für die einfachen, aber tiefgreifenden Gaben des Lebens aus, wie etwa die Fähigkeit zu sehen, zu stehen und sich zu bewegen. Sie erkennen auch Gottes Rolle an, indem er Weisheit und Kraft spendet und einen positiven und achtsamen Ton für den Tag vorgibt.

Die Pesukei D'Zimra oder „Lobverse" sind eine Reihe von Psalmen und Bibelstellen, die im

Morgengottesdienst enthalten sind. Diese Verse bereiten den Gläubigen auf die Hauptteile des Gottesdienstes vor und preisen Gottes Schöpfung und Taten. Dazu gehört Psalm 145, auch bekannt als Ashrei, der die Güte Gottes und die Freude des Vertrauens auf ihn hervorhebt.

Während des Schabbats und an Feiertagen führt der Siddur die Gläubigen durch zusätzliche Gebete und Rituale. Zum Beispiel umfasst der Kabbalat-Schabbat-Gottesdienst, der den Sabbat begrüßt, die Rezitation von sechs Psalmen, die den sechs Schöpfungstagen entsprechen, und die Hymne „Lecha Dodi", die die „Sabbatbraut" poetisch willkommen heißt. Die Schabbat-Amidah enthält spezielle Passagen, die die mit dem Schabbat verbundenen Themen Ruhe und Heiligkeit widerspiegeln.

An Feiertagen enthält der Siddur besondere Gebete, die sich auf den jeweiligen Feiertag beziehen, der gefeiert wird. Beispielsweise wird am Pessachfest das Hallel, eine Reihe von Lobgesängen, rezitiert, um an die Befreiung der Israeliten aus der Sklaverei in Ägypten zu erinnern. Während Sukkot werden Gebete hinzugefügt, in denen die vier Arten (Etrog, Lulav, Hadass und Aravah) erwähnt werden, die in einer besonderen Zeremonie geschwenkt werden.

Der Siddur ist nicht nur für den gemeinsamen Gottesdienst in der Synagoge gedacht, sondern auch für den persönlichen und familiären Gebrauch. Viele Familien nutzen den Siddur für tägliche Gebete, Segnungen vor und nach dem Essen sowie für besondere Anlässe wie Hochzeiten, Geburten und Haussegen. Der Siddur bietet eine Struktur für diese Momente und bietet Worte, die durch die Tradition geheiligt und von Generationen geteilt wurden.

Einer der wesentlichen Aspekte des Siddur ist seine Widerspiegelung der vielfältigen Geschichte und Bräuche des jüdischen Volkes. Verschiedene jüdische Gemeinden wie Aschkenasen, Sepharden und Mizrahi haben ihre eigenen Versionen des Siddur, die Variationen im Wortlaut, in der Aussprache und zusätzliche Gebete enthalten, die speziell auf ihre Traditionen zugeschnitten sind. Trotz dieser Unterschiede bleiben die Kernstruktur und die Themen des Siddur konsistent und vereinen Juden auf der ganzen Welt in einer gemeinsamen liturgischen Praxis.

Die Struktur des Siddur kann je nach Gemeinschaft leicht variieren, folgt jedoch im Allgemeinen einer ähnlichen Reihenfolge. Es beginnt mit den Morgensegen und den Vorgebeten, gefolgt von den Hauptabschnitten Shacharit (Morgengottesdienst), Mincha (Nachmittagsgottesdienst) und Ma'ariv (Abendgottesdienst). Jeder dieser Gottesdienste hat seine eigenen Gebete, aber alle enthalten Schlüsselkomponenten wie das Schema und die Amida.

Zu besonderen Anlässen wie Schabbat und Festen enthält der Siddur zusätzliche Abschnitte für Musaf, einen zusätzlichen Gottesdienst, der an die zusätzlichen Opfer erinnert, die im Tempel in Jerusalem dargebracht wurden. Die Musaf Amidah spiegelt die Themen des jeweiligen Feiertags wider und beinhaltet Gebete für die Wiederherstellung des Tempels und die Sammlung der Verbannten.

Der Siddur umfasst auch Gebete für besondere Anlässe und persönliche Meilensteine. Es gibt zum Beispiel Segenswünsche für einen neuen Monat (Rosh Chodesh), Gebete für Reisen (Tefilat HaDerech) und Segenswünsche für den Anblick von Naturwundern wie einem Regenbogen oder einem Gewitter. Diese Gebete verbinden alltägliche Erfahrungen mit einem Gefühl der göttlichen Präsenz und Absicht.

Zusätzlich zu den Gebeten selbst enthält der Siddur oft Anweisungen und Kommentare, um den Gläubigen zu helfen, die Bedeutung und das richtige Rezitieren jedes Gebets zu verstehen. Dazu können Erläuterungen zur Bedeutung der Gebete, zum historischen Kontext und Richtlinien für die korrekte Aussprache und Praxis gehören. Diese Notizen machen den Siddur nicht nur zu einem Gebetbuch, sondern auch zu einem Werkzeug für Lernen und spirituelles Wachstum.

Der Siddur dient als Brücke zwischen dem Individuum und dem Göttlichen und bietet Worte, die die tiefsten Gefühle des Herzens ausdrücken können. Ob in Zeiten der Freude, des Kummers, der Dankbarkeit oder der Not, der Siddur bietet eine Gebetssprache, die über Jahrhunderte hinweg verfeinert wurde. Es verbindet den einzelnen Gläubigen mit der größeren jüdischen Gemeinschaft und mit den Generationen von Juden, die dieselben Worte gebetet haben.

Der Siddur ist ein umfassendes und wesentliches Buch im jüdischen Leben. Es strukturiert Tages- und Feiertagsgebete, bietet Segenswünsche für verschiedene Anlässe und spiegelt die vielfältigen Traditionen des Judentums wider. Durch seine

Gebete und Lehren hilft der Siddur den Juden, sich mit Gott, ihrem Erbe und der weltweiten jüdischen Gemeinschaft zu verbinden. Es ist ein wichtiges Werkzeug für spirituelle Praxis, Bildung und die Kontinuität der jüdischen Tradition.

Wichtige jüdische Gebete und ihre Bedeutung

Jüdische Gebete sind von zentraler Bedeutung für die Ausübung des Judentums und dienen dem Einzelnen als Mittel, sich mit Gott zu verbinden, über sein Leben nachzudenken und Führung zu suchen. Diese Gebete wurden über Generationen weitergegeben und werden in verschiedenen Situationen rezitiert, von täglichen Ritualen bis hin zu besonderen Anlässen. Wenn wir die Bedeutung dieser Gebete verstehen, können wir ihre Rolle im jüdischen Gottesdienst und im täglichen Leben besser einschätzen.

Eines der wichtigsten jüdischen Gebete ist das Schma, das zweimal täglich, morgens und abends, gesprochen wird. Das Schema beginnt mit den Worten: „Höre, o Israel: Der Herr, unser Gott, der Herr ist einer." Dieses Glaubensbekenntnis ist von zentraler Bedeutung für den jüdischen Glauben und betont die Einheit Gottes. Das Schema besteht aus drei Abschnitten der Thora. Der erste Abschnitt konzentriert sich darauf, Gott mit ganzem Herzen, ganzer Seele und ganzer Kraft zu lieben. Im zweiten Abschnitt wird betont, wie wichtig es ist, Gottes Gebote zu befolgen und sie künftigen Generationen zu lehren. Der dritte Abschnitt erinnert das jüdische Volk an seine Befreiung aus Ägypten und die Notwendigkeit, Gottes Gesetze zu befolgen.

Ein weiteres bedeutendes Gebet ist das Amidah, auch bekannt als Shemoneh Esrei, was „Achtzehn Segen" bedeutet. Trotz ihres Namens enthält die Amidah tatsächlich neunzehn Segnungen, da später eine weitere hinzugefügt wurde. Dieses Gebet wird still im Stehen gesprochen und symbolisiert einen direkten und persönlichen Dialog mit Gott. Die Amida ist in drei Teile gegliedert: Lob, Bitten und

Dank. Die ersten drei Segnungen preisen Gott für seine Größe und Güte. Die mittleren dreizehn Segnungen enthalten persönliche Bitten, etwa um Weisheit, Gesundheit und Vergebung. Die letzten drei Segnungen drücken die Dankbarkeit gegenüber Gott für seine Güte und seinen Frieden aus. Die Amida ist ein umfassendes Gebet, das die gesamte Bandbreite menschlicher Erfahrungen und Bedürfnisse umfasst.

Das Kaddisch ist ein weiteres wichtiges Gebet, das an verschiedenen Stellen während des Gottesdienstes rezitiert wird, vor allem aber von Trauernden. Das Kaddisch ist ein Lobgebet an Gott und wird oft mit Trauer in Verbindung gebracht, weil es die Größe Gottes auch in Zeiten des Verlusts bekräftigt. Es beginnt mit den Worten „Gepriesen und geheiligt werde sein großer Name" und geht weiter mit einer Reihe von Lobpreisungen und Bitten um Frieden. Der Kaddisch hilft Trauernden, sich auf Gottes ewige Gegenwart und die Hoffnung auf Frieden und Wiederherstellung zu konzentrieren.

Das Aleinu ist ein Gebet, das viele jüdische Gottesdienste abschließt. Es erkennt Gottes Souveränität und die einzigartige Beziehung zwischen Gott und dem jüdischen Volk an. Das Aleinu besteht aus zwei Absätzen. Der erste lobt Gott dafür, dass er das jüdische Volk auserwählt und von anderen Nationen unterschieden hat. Der zweite blickt einer zukünftigen Zeit entgegen, in der die gesamte Menschheit den einen wahren Gott erkennen und anbeten wird. Das Aleinu dient als Erinnerung an die jüdische Mission, Heiligkeit in die Welt zu bringen und auf eine Zeit der universellen Anerkennung Gottes hinzuarbeiten.

Während des Schabbats und an Feiertagen ist der Kiddusch ein besonderes Gebet, das bei einer Tasse Wein gesprochen wird, um den Tag zu heiligen. Der Kiddusch wird sowohl am Freitagabend als auch am Samstagmorgen am Schabbat sowie an den

Abenden und Vormittagen von Festen rezitiert. Das Gebet beginnt mit einer Passage aus der Genesis, die die Erschaffung der Welt und Gottes Ruhe am siebten Tag beschreibt. Weiter geht es mit Segnungen über den Wein und der Heiligung des Tages. Der Kiddusch trägt dazu bei, Schabbat und Feste als heilige Zeiten zu etablieren, die der Ruhe, Besinnung und dem Feiern gewidmet sind.

Ein weiteres wichtiges Gebet, das am Schabbat gesprochen wird, ist die Hawdala, die das Ende des Schabbats und den Beginn der neuen Woche markiert. Havdalah wird bei einer Tasse Wein, einer geflochtenen Kerze und Gewürzen rezitiert. Das Gebet dankt Gott für die Unterscheidung zwischen dem Heiligen und dem Gewöhnlichen und bittet um Segen für die kommende Woche. Das Anzünden der Kerze und der Duft der Gewürze symbolisieren die Hoffnung auf eine Woche voller Licht, Freude und spiritueller Erfrischung.

An Jom Kippur, dem Versöhnungstag, ist das Vidui oder die Beichte ein zentrales Gebet. Dieses Gebet wird mehrmals am Tag gesprochen und beinhaltet ein gemeinsames Sündenbekenntnis. Das Vidui betont die kollektive Verantwortung für Sünden und die Bedeutung der Reue. Das Gebet listet verschiedene Sünden alphabetisch auf und ermöglicht es den Gläubigen, über ihre Taten nachzudenken und um Vergebung zu bitten. Jom Kippur ist ein feierlicher Tag des Fastens und der Selbstbeobachtung, und das Vidui hilft den Gläubigen, sich auf ihr Bedürfnis nach Sühne und spiritueller Erneuerung zu konzentrieren.

Der Hallel ist eine Reihe von Psalmen (113-118), die an Feiertagen und an Rosch Chodesch (dem Beginn eines neuen Monats) rezitiert werden. Das Hallel ist ein Lob- und Dankgebet, mit dem Gottes Befreiung und Segen gefeiert werden. Es enthält fröhliche Lieder, die von Gottes Wundern erzählen und Dankbarkeit für seinen Schutz und seine Führung zum Ausdruck bringen. Das Hallel wird zu

Pessach, Schawuot, Sukkot, Chanukka und anderen festlichen Anlässen rezitiert und verstärkt den feierlichen Geist dieser Zeiten.

Das Tefilat HaDerech, das Gebet des Reisenden, wird zu Beginn einer Reise rezitiert. Dieses Gebet bittet um Gottes Schutz und Führung während der Reise und spiegelt das Erkennen der Unsicherheiten und potenziellen Gefahren der Reise wider. Das Gebet bittet um eine sichere Rückkehr und die Fähigkeit, sein Ziel in Frieden und Freude zu erreichen. Der Tefilat HaDerech unterstreicht den Glauben an Gottes Gegenwart und Fürsorge in allen Aspekten des Lebens, einschließlich Reisen.

Das Birkat Hamazon oder Grace After Meals wird nach dem Essen einer Mahlzeit, die Brot enthält, rezitiert. Dieses Gebet dankt Gott für die Versorgung mit Nahrung und würdigt die Segnungen des Landes Israel. Der Birkat Hamazon beinhaltet vier Hauptsegen: Dank an Gott für die Nahrung, für das Land Israel, für Jerusalem und den

Tempel sowie für Gottes Güte und Barmherzigkeit. Das Rezitieren dieses Gebets nach dem Essen trägt dazu bei, ein Gefühl der Dankbarkeit und Achtsamkeit gegenüber der Quelle unserer Nahrung und unseres Segens zu entwickeln.

Jedes dieser Gebete hat eine tiefe Bedeutung im jüdischen Gottesdienst und verbindet den Einzelnen mit seinem Glauben, seiner Gemeinschaft und seiner Geschichte. Sie bieten einen Rahmen für den Ausdruck einer breiten Palette von Emotionen und Erfahrungen, von Freude und Dankbarkeit bis hin zu Trauer und Reue. Wenn man die Bedeutung und den Kontext dieser Gebete versteht, kann man den Reichtum der jüdischen liturgischen Tradition und ihre Rolle im täglichen und gemeinschaftlichen Leben schätzen.

KAPITEL 6

Jüdische Feiertage und Feste

Die hohen Feiertage: Rosch Haschana und Jom Kippur

Rosch Haschana und Jom Kippur sind im Judentum als die Hohen Feiertage bekannt und gehören zu den bedeutendsten und feierlichsten Tagen im jüdischen Kalender. Diese Feiertage sind tief in spiritueller Besinnung, Reue und Erneuerung verwurzelt.

Rosch Haschana, was auf Hebräisch „Kopf des Jahres" bedeutet, markiert den Beginn des jüdischen Neujahrs. Es wird an den ersten beiden Tagen des hebräischen Monats Tischrei gefeiert. Rosch Haschana ist für Juden eine Zeit, über ihre Taten im vergangenen Jahr nachzudenken und Vorsätze für das kommende Jahr zu fassen. Einer der bekanntesten Bräuche von Rosch Haschana ist das

Blasen des Schofars, eines Widderhorns, das als Weckruf zur Reue dient. Der Klang des Schofars soll Ehrfurcht wecken und die Menschen an ihre spirituelle Verantwortung erinnern.

Während Rosch Haschana werden in der Synagoge besondere Gebete gesprochen, darunter die Amida und der Mussaf-Gottesdienst, der zusätzliche, für den Feiertag spezifische Gebete beinhaltet. Eines der zentralen Themen von Rosch Haschana ist die Vorstellung von Gott als König, und viele der Gebete konzentrieren sich auf Gottes Souveränität und den Wunsch nach einer besseren Welt. Der Feiertag ist auch durch die Taschlich-Zeremonie gekennzeichnet, bei der Juden symbolisch ihre Sünden abwarfen, indem sie Brotstücke in ein Gewässer warfen.

Traditionelle Speisen spielen bei der Feier von Rosch Haschana eine wichtige Rolle. In Honig getunkte Äpfel werden gegessen, um die Hoffnung auf ein süßes neues Jahr zu symbolisieren. Rundes

Challah-Brot, oft mit Rosinen gebacken, symbolisiert den Zyklus des Jahres und die Kontinuität des Lebens. Granatäpfel mit ihren vielen Kernen werden auch gegessen, um den Wunsch nach einem Jahr voller Vorzüge wie die Kerne der Frucht zu symbolisieren.

Jom Kippur, der Versöhnungstag, folgt auf Rosch Haschana und gilt als der heiligste Tag des jüdischen Jahres. Er wird am zehnten Tag des Tischrei gefeiert und ist ein Tag, der dem Fasten, dem Gebet und der Reue gewidmet ist. Juden glauben, dass Gott an Jom Kippur das Buch des Lebens versiegelt und das Schicksal jedes Menschen für das kommende Jahr auf der Grundlage seiner Taten und seiner Reue bestimmt.

Die Feier von Jom Kippur beginnt mit dem Kol Nidrei-Gottesdienst am Abend vor dem Feiertag. Kol Nidrei, was „Alle Gelübde" bedeutet, ist eine feierliche Erklärung, die Einzelpersonen von allen unerfüllten Gelübden entbindet, die sie im vergangenen Jahr abgelegt haben. Der Gottesdienst gibt den Ton für die anschließende Selbstbeobachtung und Reue vor.

An Jom Kippur verzichten Juden 25 Stunden lang auf Essen und Trinken, vom Sonnenuntergang am Vorabend von Jom Kippur bis zum Einbruch der Dunkelheit am nächsten Tag. Dieses Fasten soll Körper und Geist reinigen und es dem Einzelnen ermöglichen, sich ganz auf seine Beziehung zu Gott und sein Bedürfnis nach Vergebung zu konzentrieren. Weitere Verbote umfassen neben dem Fasten das Baden, das Tragen von Lederschuhen sowie das Auftragen von Lotionen oder Parfümen.

Der Jom-Kippur-Gottesdienst ist mit fünf Gebetsgottesdiensten der längste und intensivste des Jahres: Maariv (Abendgottesdienst), Shacharit (Morgengottesdienst), Mussaf (zusätzlicher Gottesdienst), Mincha (Nachmittagsgottesdienst) und Ne'ilah (Abschlussgottesdienst).). Der

Ne'ilah-Gottesdienst, der den Abschluss von Jom Kippur markiert, ist besonders ergreifend, da er die letzte Gelegenheit zur Umkehr darstellt, bevor das Buch des Lebens versiegelt wird. Der Gottesdienst endet mit dem Blasen des Schofars, das das Ende des Fastens und die Hoffnung auf einen Neuanfang signalisiert.

Jom Kippur ist auch eine Zeit, in der man andere um Vergebung bittet. Die jüdische Tradition lehrt, dass man für Sünden gegen andere Menschen direkt diejenigen um Vergebung bitten muss, denen man Unrecht getan hat, bevor man Gott um Vergebung bittet. Diese Praxis betont, wie wichtig es ist, Beziehungen zu verbessern und Verantwortung für die eigenen Handlungen zu übernehmen.

Zusätzlich zu den Ritualen und Gebeten spiegeln sich die Themen Rosch Haschana und Jom Kippur in den Tora-Lesungen und Haftara-Lesungen (prophetischen Lesungen) wider. An Rosch Haschana konzentrieren sich die Tora-Lesungen auf die Geschichten von Isaak und Ismael und betonen Themen wie Geburt, Opfer und Gottes Barmherzigkeit. Zu den Haftarah-Lesungen gehört die Geschichte von Hannah, die für ein Kind betet und von Gott beantwortet wird. An Jom Kippur stammt die Thora-Lesung aus Levitikus und beschreibt den Jom-Kippur-Gottesdienst im antiken Tempel, einschließlich des Rituals des Sündenbocks. Die Haftarah-Lesung ist das Buch Jona, das die Geschichte des Propheten Jona und seiner widerstrebenden Mission in die Stadt Ninive erzählt und dabei die Macht der Reue und Gottes Bereitschaft zur Vergebung hervorhebt.

Die Hohen Feiertage sind eine Zeit tiefer spiritueller Besinnung und gemeinschaftlichen Beisammenseins. Synagogen sind oft bis auf den letzten Platz gefüllt, da auch diejenigen, die das ganze Jahr über nicht regelmäßig zum Gottesdienst gehen, zusammenkommen, um an diesen wichtigen Ritualen teilzunehmen. Das Gefühl der Gemeinschaft und des gemeinsamen Ziels während

Rosch Haschana und Jom Kippur ist spürbar, wenn Juden auf der ganzen Welt gemeinsam beten und nachdenken.

Diese Feiertage sind auch eine Zeit, in der Familie und Freunde zusammenkommen. Die Mahlzeiten vor und nach dem Jom-Kippur-Fasten werden oft mit den Liebsten geteilt und bieten die Möglichkeit, Kontakte zu knüpfen und Unterstützung zu finden. Die Themen Reue und Erneuerung spiegeln sich in persönlichen Interaktionen wider, wenn Einzelpersonen versuchen, das neue Jahr mit einer sauberen Weste und der Verpflichtung zu beginnen, sich selbst und ihre Beziehungen zu verbessern.

Rosch Haschana und Jom Kippur sind mehr als nur Feiertage; Es sind tiefgreifende spirituelle Erfahrungen, die Juden dazu einladen, über ihr Leben nachzudenken, um Vergebung zu bitten und sich für persönliches Wachstum einzusetzen. Durch Rituale, Gebete und gemeinschaftliche Zusammenkünfte fördern diese Tage ein tiefes

Gefühl der Verbundenheit mit Gott, der jüdischen Gemeinschaft und den zeitlosen Werten, die das jüdische Leben leiten.

Pessach: Freiheit feiern

Pessach oder Pessach auf Hebräisch ist einer der wichtigsten und am häufigsten gefeierten jüdischen Feiertage. Es erinnert an den Auszug der Israeliten aus der Sklaverei im alten Ägypten, ein entscheidendes Ereignis in der jüdischen Geschichte. Die Geschichte des Pessachfestes wird im Buch Exodus detailliert beschrieben, wo Moses die Israeliten nach einer Reihe göttlicher Eingriffe und Wunder in die Freiheit führt.

Der Feiertag dauert acht Tage und beginnt am 15. Tag des hebräischen Monats Nisan. Es ist eine Zeit voller Rituale und Symbole, die Juden an die Nöte ihrer Vorfahren und die Bedeutung von Freiheit und Befreiung erinnern. Einer der wichtigsten Aspekte des Pessachfestes ist der Seder, ein festliches Essen, das an den ersten beiden Abenden des Feiertags stattfindet. Der Seder folgt einer bestimmten Reihenfolge, was das Wort „Seder" auf Hebräisch bedeutet. Diese Reihenfolge ist in der Haggada dargelegt, einem besonderen Buch, das die Teilnehmer durch die Rituale, Gebete und Lesungen des Abends führt.

Der Seder-Teller ist ein zentraler Teil des Seder. Es enthält verschiedene symbolische Lebensmittel, die jeweils einen anderen Aspekt der Pessach-Geschichte darstellen. Dazu gehört ein Unterschenkelknochen, der das am Vorabend des Exodus geopferte Osterlamm symbolisiert; ein gebratenes Ei, das sowohl das im Tempel in Jerusalem dargebrachte Festopfer als auch den Kreislauf des Lebens symbolisiert; bittere Kräuter (oft Meerrettich), die die Bitterkeit der Sklaverei darstellen; Charoset, eine süße Mischung aus Früchten und Nüssen, die den Mörser darstellt, den die Israeliten während ihrer Versklavung verwendeten; Karpas, ein grünes Gemüse (oft Petersilie), das in Salzwasser getaucht wird, um die von den Israeliten vergossenen Tränen zu symbolisieren; und ein zweites bitteres Kraut, oft Römersalat, um das Leid der Israeliten hervorzuheben.

Eines der Schlüsselrituale des Seder ist das Nacherzählen der Pessach-Geschichte. Dazu gehört das Vorlesen aus der Haggada und die vier Fragen, die traditionell von der jüngsten Person am Tisch gestellt werden. Diese Fragen regen zum Nacherzählen der Geschichte an und verdeutlichen die einzigartigen Bräuche des Abends. Zu den Fragen gehört die Frage, warum sich dieser Abend von allen anderen Abenden unterscheidet, warum nur Mazza (ungesäuertes Brot) gegessen wird, warum bittere Kräuter gegessen werden und warum Gemüse eingetaucht wird.

Matza ist ein wichtiges Symbol für Pessach. Es ist das ungesäuerte Brot, das die Juden an die Eile erinnert, mit der ihre Vorfahren Ägypten verließen, da sie keine Zeit hatten, ihr Brot gehen zu lassen.

Das Essen von Matze während des Pessach-Festes ist sowohl ein Gebot als auch eine Erinnerung an den Weg von der Sklaverei in die Freiheit. Juden sind außerdem verpflichtet, während der Feiertage sämtliche Chametz bzw. Sauerteigprodukte aus ihren Häusern zu entfernen. Dies beinhaltet einen gründlichen Reinigungsprozess, um sicherzustellen, dass kein Chametz vorhanden ist. Dies symbolisiert die Beseitigung von Stolz und Arroganz und eine Rückkehr zu Einfachheit und Demut.

Ein weiteres wichtiges Ritual ist das Trinken von vier Tassen Wein während des Seder. Jeder Kelch stellt einen anderen Aspekt der Erlösung dar, der in der Thora erwähnt wird: „Ich werde dich herausbringen", „Ich werde dich erlösen", „Ich werde dich erlösen" und „Ich werde dich zu meinem Volk machen." Diese Kelche symbolisieren die Freude und Dankbarkeit für die Befreiung aus der Sklaverei.

Zum Seder gehört auch das Verstecken und Finden des Afikoman, eines Stücks Matze, das zu Beginn der Mahlzeit abgebrochen und zum Verzehr als Nachtisch beiseite gelegt wird. Diese Tradition sorgt für zusätzlichen Spaß für Kinder, die oft im Austausch gegen einen kleinen Preis oder eine Belohnung nach dem versteckten Afikoman suchen. Diese Praxis trägt dazu bei, dass die jüngeren Teilnehmer sich engagieren und mit den Ritualen des Seder verbunden bleiben.

Bei Pessach geht es nicht nur darum, sich an die Vergangenheit zu erinnern; Es betont auch Themen der sozialen Gerechtigkeit und des anhaltenden Kampfes um Freiheit. Der Feiertag ermutigt Juden, über das Konzept der Befreiung nachzudenken und an diejenigen zu denken, die auf der ganzen Welt immer noch unterdrückt werden. Viele Familien integrieren zeitgenössische Lesungen und Diskussionen in ihren Seder, um die alte Geschichte des Exodus mit modernen Themen der Ungerechtigkeit und Ungleichheit zu verbinden.

Während der acht Tage des Pessachfestes gehören besondere Gebete und Lesungen zum täglichen Gottesdienst in der Synagoge. Das Hohelied, ein biblisches Buch, das König Salomo zugeschrieben wird, wird traditionell während des Pessachfestes gelesen und beleuchtet Themen wie Liebe und Erlösung. Der Feiertag endet mit einem festlichen Essen und der Rezitation von Hallel, einer Reihe von Lob- und Dankpsalmen.

Zusätzlich zu den religiösen und gemeinschaftlichen Aspekten des Pessachfestes hat der Feiertag auch eine starke familiäre Komponente. Es ist eine Zeit für Familien, zusammenzukommen, gemeinsame Mahlzeiten zu genießen und bleibende Erinnerungen zu schaffen. An der Vorbereitung auf das Pessachfest, einschließlich Putzen und Kochen, ist oft die ganze Familie beteiligt, wodurch ein Gefühl der Einheit und des gemeinsamen Ziels gefördert wird.

Die Themen von Pessach; Freiheit, Erlösung und Dankbarkeit berühren Menschen jeden Alters tief. Die Rituale und Symbole des Feiertags bieten einen reichen Bedeutungsteppich, der Juden mit ihrer Geschichte und ihrem Erbe verbindet und sie gleichzeitig dazu inspiriert, nach einer besseren Zukunft zu streben. Mit der Feier des Pessachfestes ehren Juden nicht nur den Weg ihrer Vorfahren aus der Sklaverei in die Freiheit, sondern bekräftigen auch ihr Engagement für Gerechtigkeit und Befreiung für alle.

Pessach ist ein facettenreicher Feiertag, der historisches Gedenken, religiöse Rituale und soziale Werte vereint. Durch den Seder, die symbolischen Speisen, die Lesungen aus der Haggada und die verschiedenen Bräuche werden Juden an die Bedeutung der Freiheit und die bleibende Relevanz der Exodus-Geschichte erinnert. Pessach ist eine Zeit, um über die Vergangenheit nachzudenken, die Gegenwart zu feiern und sich auf eine Zukunft des Friedens und der Befreiung zu freuen.

Chanukka, Purim und andere Feste

Chanukka, Purim und andere jüdische Feste werden mit einzigartigen Traditionen und Bräuchen gefeiert, die eine bedeutende Bedeutung haben. Diese Feiertage bieten Familien und Gemeinschaften die Möglichkeit, zusammenzukommen, sich an historische Ereignisse zu erinnern und ihren Glauben und ihre Kultur durch freudige Feiern zum Ausdruck zu bringen.

Chanukka, auch Lichterfest genannt, dauert acht Tage und beginnt am 25. Tag des hebräischen Monats Kislev. Es erinnert an die Wiedereinweihung des Zweiten Tempels in Jerusalem nach dem Aufstand der Makkabäer gegen das Seleukidenreich. Die Geschichte von Chanukka dreht sich um das Wunder des Öls. Als die Juden die Kontrolle über den Tempel zurückerlangten, fanden sie gerade genug Öl, um die Menora (einen Leuchter mit sieben Zweigen) einen Tag lang anzuzünden. Wie durch ein Wunder hielt das Öl acht Tage lang, sodass sie Zeit hatten, weiteres Öl zuzubereiten.

Das zentrale Ritual von Chanukka ist das Anzünden der Menora, auch Chanukka genannt, die neun Zweige hat: einen für jede Chanukka-Nacht und eine zentrale Shamash-Kerze (Hilfskerze), mit der die anderen angezündet werden. Jeden Abend wird eine weitere Kerze angezündet, begleitet von Segenssprüchen und Liedern. Die Menora wird normalerweise in einem Fenster oder an einem anderen prominenten Ort platziert, um das Wunder bekannt zu machen. Chanukka wird auch mit besonderen, in Öl frittierten Speisen wie Latkes (Kartoffelpuffer) und Sufganiyot (mit Gelee gefüllte Donuts) gefeiert, die das Wunder des Öls symbolisieren. Kinder spielen ein traditionelles Spiel mit einem Dreidel, einem vierseitigen Kreisel, und erhalten Geschenke oder Gelt (Schokoladenmünzen).

Purim, das auf den 14. des hebräischen Monats Adar fällt, erinnert an die Rettung des jüdischen Volkes vor Haman, einem Berater des persischen Königs, der plante, es zu vernichten. Die Geschichte ist im Buch Esther aufgezeichnet. Königin Esther und ihr Cousin Mordechai spielen eine entscheidende Rolle bei der Vereitelung von Hamans Plan, was zu einer Feier des jüdischen Überlebens und Triumphs führt.

An Purim wird in der Synagoge die Megillah (die Schriftrolle Esthers) gelesen. Während der Lesung verwenden die Zuhörer Krachmacher, sogenannte Grogger, um Hamans Namen zu übertönen, wann immer er erwähnt wird, was die Auslöschung des Bösen symbolisiert. Der Feiertag ist für seine festliche und fröhliche Atmosphäre bekannt. Die Menschen tragen Kostüme, die oft Charaktere aus der Purim-Geschichte darstellen, um das Thema verborgener Identitäten und göttlicher Intervention zu feiern. Einer der wichtigsten Bräuche ist das Verschenken von Mishloach Manot,

Geschenkkörben voller Essen und Leckereien, an Freunde und Familie. Darüber hinaus ist es üblich, den Armen Almosen zu geben, die als Matanot la'evyonim bekannt sind. Es findet ein festliches Mahl namens Purim Seuda statt, das köstliche Speisen und viel fröhlichen Gesang und Tanz beinhaltet.

Neben Chanukka und Purim gibt es noch mehrere andere jüdische Feste, jedes mit seinen eigenen Traditionen und seiner eigenen Bedeutung. Sukkot, auch Laubhüttenfest genannt, findet fünf Tage nach Jom Kippur statt und dauert sieben Tage. Es erinnert an die 40-jährige Wüstenwanderung der Israeliten nach ihrem Auszug aus Ägypten und betont Themen wie Dankbarkeit und Abhängigkeit von Gott. Während Sukkot bauen und bewohnen Juden Sukkahs, provisorische Hütten, um an die fragilen Behausungen zu erinnern, die ihre Vorfahren während der Wüstenreise genutzt haben. Das Fest beinhaltet auch das Schwenken des Lulav (ein Bündel aus Palm-, Myrten- und

Weidenzweigen) und des Etrog (einer Zitronenfrucht) in einem Ritual, das Einheit und Dankbarkeit symbolisiert.

Schawuot oder das Wochenfest wird sieben Wochen nach dem Pessachfest gefeiert und markiert die Übergabe der Thora am Berg Sinai. Es ist eine Zeit der spirituellen Erneuerung und des Studiums. Zu den traditionellen Bräuchen gehören nächtliche Tora-Lernsitzungen, bekannt als Tikkun Leil Shavuot, und das Essen von Milchprodukten wie Käsekuchen und Blintze, die die Süße der Tora und das „Land, in dem Milch und Honig fließen" symbolisieren.

Tu B'Shevat, das Neujahr der Bäume, findet am 15. des hebräischen Monats Shevat statt. Es ist eine Zeit, die Natur und die Umwelt zu feiern. An diesem Tag pflanzen Juden Bäume und nehmen an einem besonderen Seder teil, bei dem sie Früchte und Nüsse essen, die mit dem Land Israel in Verbindung gebracht werden, insbesondere die sieben in der Tora erwähnten Arten: Weizen, Gerste, Weintrauben, Feigen, Granatäpfel, Oliven und Datteln.

Simchat Tora, was „Freude mit der Tora" bedeutet, markiert den Abschluss und Neuanfang des jährlichen Thora-Lesezyklus. Es folgt unmittelbar nach Sukkot und Shemini Azeret. Während dieses freudigen Feiertags werden die Thorarollen aus der Arche genommen und es gibt Prozessionen, Tänze und Gesang in der Synagoge, während der letzte Teil des Deuteronomiums und anschließend der erste Teil der Genesis gelesen wird. Diese Feier unterstreicht die zentrale Bedeutung der Thora im jüdischen Leben.

Yom HaShoah, der Holocaust-Gedenktag, ist ein moderner jüdischer Feiertag, der an die sechs Millionen Juden erinnert, die während des Holocaust umkamen. Es fällt auf den 27. Nisan und ist geprägt von feierlichen Zeremonien, Momenten der Stille und Bildungsprogrammen, um die Opfer zu ehren und sicherzustellen, dass solche Gräueltaten nie vergessen werden.

Yom Ha'atzmaut, Israels Unabhängigkeitstag, feiert die Gründung des Staates Israel im Jahr 1948. Er wird am 5. Ijar begangen und umfasst Festlichkeiten wie Paraden, Feuerwerke und öffentliche Feiern, die die Freude und Bedeutung der jüdischen Souveränität widerspiegeln nationale Identität.

Jeder dieser Feiertage und Feste ist reich an Geschichte, Bedeutung und Bräuchen, die das jüdische Volk mit seinem Erbe, seinem Glauben und seiner Gemeinschaft verbinden. Sie bieten Gelegenheit, über bedeutende Ereignisse nachzudenken, das Miteinander zu feiern und Werte wie Dankbarkeit, Erinnerung und das Streben nach Gerechtigkeit und Freiheit zu stärken. Durch die Beobachtung dieser Feste pflegen Juden auf der ganzen Welt eine tiefe und lebendige Verbindung zu ihren Traditionen und ihrer Geschichte.

KAPITEL 7

Lebenszyklusereignisse im Judentum

Geburt und Brit Milah (Beschneidung)

In der jüdischen Tradition ist die Geburt eines Kindes ein Moment großer Freude und Bedeutung. Dieses freudige Ereignis wird oft von verschiedenen Bräuchen und Ritualen begleitet, die Dankbarkeit ausdrücken, das Leben feiern und das Neugeborene in der jüdischen Gemeinschaft willkommen heißen. Eines der bedeutendsten Rituale nach der Geburt eines jüdischen männlichen Kindes ist die Brit Milah oder Beschneidungszeremonie.

Die Brit Milah, allgemein als Bris bezeichnet, findet am achten Tag im Leben eines kleinen Jungen statt, auch wenn dieser Tag auf den Sabbat oder einen jüdischen Feiertag fällt. Die Praxis der Beschneidung hat ihre Wurzeln in der Thora, wo Gott Abraham befiehlt, sich selbst, seine Familie und seine Nachkommen als Zeichen des Bundes zwischen Gott und dem jüdischen Volk zu beschneiden. Dieser als Brit bekannte Bund ist ein ewiges Band, das die Verpflichtung des jüdischen Volkes gegenüber Gott und seinen Geboten symbolisiert.

Die Brit-Milah-Zeremonie findet normalerweise im Beisein von Familie und Freunden statt, oft in einer Synagoge, kann aber auch zu Hause stattfinden. Die Zeremonie beginnt mit Gebeten und Segenswünschen. Das Baby wird vom Sandek, der oft ein Großelternteil oder ein anderes geehrtes Familienmitglied ist, ins Zimmer getragen. Der Sandek hält das Baby während der Beschneidung, die von einem ausgebildeten Fachmann namens Mohel durchgeführt wird. Der Mohel rezitiert vor der Beschneidung einen Segensspruch, und auch der Vater des Babys rezitiert einen Segensspruch, in dem er Gott dafür dankt, dass er die Mizwa (Gebot) der Beschneidung befohlen hat.

Nach der Beschneidung erhält das Baby seinen hebräischen Namen. Diese Namensgebung ist ein bedeutender Moment, da der hebräische Name das Kind mit seinem jüdischen Erbe und seiner jüdischen Identität verbindet. Der Name wird oft gewählt, um einen verstorbenen Verwandten zu ehren oder um Tugenden und Wünsche für die Zukunft des Kindes widerzuspiegeln. Die versammelte Gemeinschaft beteiligt sich an Gebeten und Liedern, drückt ihre Freude aus und heißt das Baby im jüdischen Volk willkommen.

Die Brit Milah ist nicht nur ein körperlicher Akt, sondern auch ein tiefgreifender spiritueller Meilenstein. Es symbolisiert den dauerhaften Glauben des jüdischen Volkes und die Kontinuität der jüdischen Tradition über Generationen hinweg. Durch die Durchführung dieses Rituals bekräftigen jüdische Familien ihre Verbindung zu ihren

Vorfahren und ihr Engagement für die Wahrung jüdischer Identität und jüdischer Werte.

Für ein weibliches Kind gibt es keine entsprechende Beschneidungszeremonie. Allerdings veranstalten Familien häufig eine Namensgebungszeremonie, die als Simchat Bat oder Brit Bat bekannt ist, um ihre Töchter in der jüdischen Gemeinde willkommen zu heißen. Diese Zeremonie kann in der Synagoge, zu Hause oder an einem anderen bedeutungsvollen Ort abgehalten werden. Dazu gehören typischerweise Gebete, Segenswünsche und die formelle Bekanntgabe des hebräischen Namens des Babys. Die Zeremonie kann auch Lesungen aus jüdischen Texten, Lieder und ein festliches Essen umfassen.

Die Geburt eines Kindes und die damit verbundenen Rituale, wie die Brit Milah und die Namensgebungszeremonie, unterstreichen die Bedeutung von Familie und Gemeinschaft im jüdischen Leben. Diese Veranstaltungen bieten der

Großfamilie und den Gemeindemitgliedern die Möglichkeit, zum Feiern, zur Unterstützung und zum gemeinsamen Glauben zusammenzukommen. Sie stärken die Werte Liebe, Engagement und Kontinuität, die für die jüdische Tradition von zentraler Bedeutung sind.

Insbesondere die Brit Milah dient als Erinnerung an die Bundesbeziehung zwischen Gott und dem jüdischen Volk, eine Beziehung, die die jüdische Gemeinschaft über Jahrhunderte voller Herausforderungen und Triumphe hinweg getragen hat. Dieser Bund ist eine Quelle der Identität und Stärke und verbindet jede neue Generation mit der alten Vergangenheit und dem gemeinsamen Schicksal des jüdischen Volkes.

Darüber hinaus spiegeln diese Zeremonien die jüdische Betonung des Lebens und seiner Heiligkeit wider. Die Aufnahme eines neuen Kindes ist eine Feier des Lebenspotenzials und eine Bestätigung der Hoffnung und Erneuerung. Die jüdische

Tradition legt großen Wert auf Kinder und betrachtet sie als die Zukunft des jüdischen Volkes und als Träger der Traditionen und Werte, die die Gemeinschaft definieren.

Die Rituale rund um die Geburt und die Brit-Milah-Zeremonie sind integraler Bestandteil der jüdischen Tradition und symbolisieren den Bund mit Gott, die Kontinuität des jüdischen Erbes und die gemeinsame Freude über die Gabe neuen Lebens. Diese Praktiken heißen nicht nur ein neues Kind auf der Welt willkommen, sondern verbinden dieses Kind auch mit einer Geschichte und einem Glauben, die Jahrtausende zurückreichen. Durch diese Rituale feiern jüdische Familien und Gemeinschaften ihre dauerhaften Bindungen und die zeitlosen Werte, die sie tragen.

Bar/Bat Mizwa: Erwachsen werden

In der jüdischen Tradition sind die Bar- und Bat-Mizwa-Zeremonien wichtige Meilensteine, die den Übergang eines Jugendlichen ins

Erwachsenenalter markieren. Diese Zeremonien bedeuten, dass der junge Mensch ein Alter erreicht hat, in dem er für sein eigenes Handeln verantwortlich ist und voll am jüdischen religiösen und gemeinschaftlichen Leben teilnehmen kann.

Für Jungen wird diese Zeremonie Bar Mizwa genannt, was „Sohn des Gebots" bedeutet. Es findet statt, wenn ein Junge 13 Jahre alt wird. Für Mädchen wird die Zeremonie Bat Mizwa genannt, was „Tochter des Gebots" bedeutet, und sie findet statt, wenn ein Mädchen 12 Jahre alt wird. Diese Altersangaben basieren auf der alten jüdischen Vorstellung davon, wann Kinder erwachsen werden.

Die Bar-Mizwa- und Bat-Mizwa-Zeremonien sind mehr als nur Feierlichkeiten; Es handelt sich um Übergangsriten, die erhebliche Vorbereitung und Lernen erfordern. In den Jahren vor der Zeremonie besucht der junge Mensch normalerweise eine hebräische Schule und studiert jüdische Texte, Gebete und Traditionen. Sie lernen auch, aus der

Thora zu lesen, der zentralen Referenz des jüdischen Religionsgesetzes.

Die Zeremonie selbst findet oft während eines Schabbatgottesdienstes in der Synagoge statt. Bei einer Bar Mizwa wird der junge Mann zum ersten Mal zur Tora gerufen, um einen Teil der wöchentlichen Tora-Lesung zu rezitieren. Dies ist als Aliyah bekannt, was „aufsteigen" bedeutet und sich auf den Vorgang des Aufstiegs zur Tora-Leseplattform oder Bima bezieht. Er rezitiert auch einen Teil aus der Haftara, einer Auswahl aus den Büchern der Propheten, die nach dem Thora-Teil gelesen wird. Der Bar-Mizwa-Junge bereitet oft eine D'var-Tora vor, eine Rede, die den Tora-Teil und seine Bedeutung erklärt.

In ähnlicher Weise kann die junge Frau während einer Bat-Mizwa-Zeremonie auch zur Thora gerufen werden, um einen Teil davon zu rezitieren, wobei die Praktiken je nach Konfession und Gemeinschaft unterschiedlich sein können. In manchen Traditionen könnte sie Teile des Gottesdienstes leiten, Gebete rezitieren oder eine D'var-Tora halten.

Die Bar- und Bat-Mizwa-Zeremonien sind für den jungen Menschen und seine Familie von großer Bedeutung. Sie markieren das Ende der Kindheit und den Beginn eines neuen Lebensabschnitts, in dem der Einzelne größere religiöse und moralische Verantwortung übernimmt. Die Zeremonien unterstreichen die Bedeutung der Gemeinschaft, da an ihnen typischerweise Familienangehörige, Freunde und Mitglieder der Gemeinde teilnehmen, die alle zusammenkommen, um diesen bedeutenden Anlass zu feiern.

Im Anschluss an den Gottesdienst ist es üblich, ein festliches Essen oder eine Party zur Feier der Bar-Mizwa oder Bat Mizwa zu veranstalten. Zu dieser Zusammenkunft gehören Essen, Musik, Tanz und Reden, was die Freude und Bedeutung der Veranstaltung noch weiter unterstreicht. Anlässlich der Bar- oder Bat-Mizwa werden oft Geschenke gemacht, von denen viele eine religiöse oder pädagogische Bedeutung haben, wie zum Beispiel Bücher, Judaica oder Beiträge zu ihrer zukünftigen Ausbildung.

Die Bedeutung der Bar- und Bat-Mizwa liegt nicht nur in der Zeremonie selbst, sondern auch in dem, was sie darstellt. Durch die Zulassung zur Bar oder Bat Mizwa wird der junge Mensch als vollwertiges Mitglied der jüdischen Gemeinschaft anerkannt und hat die Möglichkeit, an allen Aspekten des jüdischen religiösen Lebens teilzunehmen. Sie sind nun berechtigt, in einen Minjan aufgenommen zu werden, das Quorum von zehn jüdischen Erwachsenen, das für bestimmte gemeinschaftliche Gebete erforderlich ist. Von ihnen wird außerdem erwartet, dass sie die Gebote befolgen, Mizwot (gute Taten) vollbringen und ihre jüdische Ausbildung fortsetzen.

Die Bar- und Bat-Mizwa-Zeremonien sind für den jungen Menschen auch eine Gelegenheit, über seine eigene Identität und seinen Platz innerhalb der jüdischen Tradition nachzudenken. Durch ihr Studium und ihre Vorbereitung erlangen sie ein tieferes Verständnis ihres Erbes und der Werte, die ihre Gemeinschaft leiten. Dieser Prozess trägt dazu bei, ein Gefühl von Stolz und Verantwortung zu wecken und ermutigt sie, ihr Leben im Einklang mit den jüdischen Lehren zu leben und einen positiven Beitrag für ihre Gemeinschaft zu leisten.

Darüber hinaus fördern diese Zeremonien ein Gefühl der Kontinuität und Verbindung zwischen den Generationen. Eltern, Großeltern und andere Familienmitglieder teilen oft ihre eigenen Erfahrungen und Erinnerungen und stärken so die Bindungen, die die Familie und die breitere jüdische Gemeinschaft verbinden. Die Bar- und Bat-Mizwa dienen somit als Glied in der Kette der jüdischen Tradition und geben die Werte und Praktiken weiter, die das jüdische Volk über Tausende von Jahren getragen haben.

Die Bar- und Bat-Mizwa-Zeremonien sind zentrale Ereignisse im jüdischen Leben und markieren den Übergang von der Kindheit zum Erwachsenenalter und die Übernahme religiöser und moralischer Verantwortung. Sie erfordern umfangreiche Vorbereitung und Lernen und gipfeln in einer bedeutungsvollen Zeremonie, die von der Gemeinschaft gefeiert wird. Diese Meilensteine tragen dazu bei, dem jungen Menschen ein starkes Gefühl von Identität, Kontinuität und Verantwortung zu vermitteln und so die anhaltende Vitalität der jüdischen Tradition und des Gemeinschaftslebens sicherzustellen.

Ehe, Scheidung und Tod in der jüdischen Tradition

Heirat, Scheidung und Tod sind bedeutende Lebensereignisse in jeder Kultur und in der jüdischen Tradition durch spezifische Rituale und

Praktiken gekennzeichnet, die eine tiefe religiöse und kulturelle Bedeutung haben.

Im Judentum gilt die Ehe als heiliger Bund oder Brit zwischen zwei Menschen und wird als Eckpfeiler des jüdischen Lebens und der jüdischen Gemeinschaft hoch geschätzt. Die Hochzeitszeremonie oder Chuppa umfasst mehrere Schlüsselelemente. Es beginnt typischerweise mit der Unterzeichnung der Ketuba, einem Ehevertrag, der die Pflichten des Mannes gegenüber seiner Frau festlegt und der Braut Schutz und Rechte bietet. Dieses Dokument wird oft wunderschön dekoriert und wird zu einem geschätzten Andenken.

Die Hochzeitszeremonie selbst findet normalerweise unter einer Chuppa statt, einem Baldachin, der das neue gemeinsame Zuhause des Paares symbolisiert. Die Zeremonie wird von einem Rabbiner oder einem anderen Amtsträger geleitet und beinhaltet das Rezitieren von Segenswünschen bei einer Tasse Wein, die Freude und Fülle symbolisieren. Der Bräutigam steckt der Braut einen Ring an den Finger und verkündet: „Siehe, du bist mir mit diesem Ring geweiht nach dem Gesetz Moses und Israels." Bei vielen modernen Zeremonien überreicht die Braut dem Bräutigam auch einen Ring.

Ein bedeutender Moment bei der jüdischen Hochzeit ist das Zerbrechen des Glases, das am Ende der Zeremonie stattfindet. Der Bräutigam (und manchmal auch die Braut) tritt auf ein Glas und lässt es zerspringen. Für diesen Akt gibt es verschiedene Interpretationen, darunter die Erinnerung an die Zerstörung des Tempels in Jerusalem und die Anerkennung, dass wir uns auch in Momenten großer Freude der Unvollkommenheiten der Welt bewusst sein müssen. Die Gäste antworten normalerweise mit „Mazel tov!"-Rufen. bedeutet „Herzlichen Glückwunsch!"

Auch die Scheidung wird im Judentum mit spezifischen Verfahren und Ritualen angegangen, was ihre Ernsthaftigkeit und den Respekt vor dem Ehebund widerspiegelt. Das jüdische Gesetz erlaubt eine Scheidung, sie muss jedoch gemäß der Halacha, dem jüdischen Gesetz, durchgeführt werden. Der Prozess beinhaltet die Erteilung eines Get, einer religiösen Scheidungsurkunde, die von einem Schreiber speziell für das Paar verfasst werden muss. Der Ehemann erteilt der Ehefrau im Beisein von Zeugen das Get, und sie muss es annehmen, damit die Scheidung gültig ist.

Durch dieses Verfahren wird sichergestellt, dass beide Parteien das Ende der Ehe anerkennen und nach jüdischem Recht erneut heiraten können. Der Get dient dem Schutz der Rechte beider Personen, insbesondere der Frau, die ansonsten nach jüdischem Recht an ihren Ehemann gebunden bleiben würde.

Wenn es um den Tod geht, legt die jüdische Tradition großen Wert darauf, den Verstorbenen zu ehren und den Hinterbliebenen Trost zu spenden. Der Prozess beginnt mit der Chevra Kadisha, einer heiligen Gesellschaft, die für die rituelle Vorbereitung des Körpers verantwortlich ist. Bei dieser Vorbereitung, Tahara genannt, wird der Körper gewaschen und gereinigt, ihm ein einfaches weißes Leichentuch angezogen und in einen schlichten Holzsarg gelegt. Diese Praktiken spiegeln den Glauben an die Gleichheit aller Menschen im Tod wider, unabhängig von ihrem Status im Leben.

Die Beerdigung findet in der Regel so bald wie möglich nach dem Tod statt, in der Regel innerhalb von 24 Stunden. Es beginnt mit einem kurzen Gottesdienst im Haus des Verstorbenen oder im Bestattungsunternehmen, gefolgt von der Prozession zum Friedhof. An der Grabstätte werden zusätzliche Gebete gesprochen und Lobreden gehalten. Die Beerdigung selbst ist eine wichtige

Mizwa oder eine gute Tat, bei der sich Familie und Freunde daran beteiligen, Erde auf den Sarg zu legen, was ihren letzten Akt der Freundlichkeit gegenüber dem Verstorbenen bedeutet.

Nach der Beerdigung beginnt die Trauerzeit, Shiva genannt. Das Shiva-Fest dauert sieben Tage. Während dieser Zeit versammelt sich die unmittelbare Familie im Haus des Verstorbenen, um zu trauern und Besucher zu empfangen. Trauernde sitzen auf niedrigen Hockern oder auf dem Boden, decken Spiegel ab und unterlassen bestimmte Aktivitäten als Zeichen der Trauer. Sie rezitieren mehrmals täglich das Kaddisch, ein Gebet, das Gott preist, und betonen die Kontinuität des Glaubens auch in der Trauer.

Der Trauerprozess wird mit Shloshim fortgesetzt, einem 30-tägigen Zeitraum, in dem die Trauernden unter Einhaltung bestimmter Einschränkungen nach und nach ihre normalen Aktivitäten wieder aufnehmen. Für den Verlust eines Elternteils folgt eine längere Trauerzeit von 11 Monaten, wobei täglich das Kaddisch rezitiert wird. Dieser verlängerte Zeitraum ermöglicht es Trauernden, ihren geliebten Menschen zu ehren und ihre Trauer im Laufe der Zeit zu verarbeiten.

Während der Trauerzeiten spielt die Gemeinschaft eine entscheidende Rolle bei der Bereitstellung von Unterstützung und Trost. Freunde und Familienangehörige besuchen die Trauernden, bringen Mahlzeiten mit und nehmen an Gebetsgottesdiensten teil, um sicherzustellen, dass die Hinterbliebenen in ihrer Trauer nicht allein gelassen werden. Dieses gemeinschaftliche Engagement unterstreicht die Bedeutung der Gemeinschaft und der gemeinsamen Verantwortung im jüdischen Leben.

Jüdische Praktiken und Rituale rund um Ehe, Scheidung und Tod sind tief in religiösen Gesetzen und Traditionen verwurzelt. Sie geben diesen bedeutenden Lebensereignissen Struktur und

Bedeutung und betonen die Heiligkeit der Ehe, die Schwere einer Scheidung und die Bedeutung der Ehrung des Verstorbenen und der Unterstützung der Hinterbliebenen. Diese Rituale helfen Einzelpersonen, die Komplexität der Lebensübergänge im Rahmen des jüdischen Glaubens und der jüdischen Gemeinschaft zu bewältigen.

KAPITEL 8

Jüdische Ethik und Werte

Tzedakah: Nächstenliebe und soziale Gerechtigkeit

Tzedakah ist ein grundlegendes Konzept im Judentum und bedeutet Nächstenliebe oder Gerechtigkeit. Es spielt eine wichtige Rolle bei der Förderung der sozialen Gerechtigkeit innerhalb jüdischer Gemeinden. Tzedakah ist nicht nur ein Akt der Spende von Geld oder Ressourcen; Es gilt als moralische Verpflichtung, als wesentlicher Aspekt eines gerechten Lebens und als Möglichkeit, eine gerechtere und mitfühlendere Welt zu schaffen.

Das Konzept von Tzedakah geht auf die hebräische Wurzel „tzedek" zurück, was Gerechtigkeit oder Rechtschaffenheit bedeutet. Im Gegensatz zu Wohltätigkeit, die oft als freiwilliger Akt der Güte angesehen wird, wird Tzedakah als Pflicht, als ethische Anforderung für diejenigen angesehen, die in der Lage sind, Bedürftigen zu helfen. Dieses Pflichtgefühl ist tief in den jüdischen Lehren verankert und wird als Mittel zur Gewährleistung von Gerechtigkeit und Gerechtigkeit in der Gesellschaft angesehen.

Einer der Schlüsselaspekte von Tzedakah ist der Glaube, dass alles, was wir besitzen, letztendlich Gott gehört. Daher ist die Weitergabe unserer Ressourcen an die weniger Glücklichen nicht nur eine großzügige Tat, sondern eine Rückgabe dessen, was ihnen rechtmäßig zusteht. Diese Perspektive fördert ein Gefühl von Demut und Verantwortung und erinnert die Menschen daran, dass ihr Reichtum und Besitz nicht nur ihnen selbst, sondern auch der Verbesserung der Gemeinschaft dient.

In der jüdischen Tradition gibt es verschiedene Ebenen des Zedakah-Gebens, wie vom mittelalterlichen jüdischen Philosophen

Maimonides beschrieben. Die höchste Stufe der Tzedakah besteht darin, jemandem zu helfen, sich selbst zu versorgen, indem man ihm einen Job oder einen Kredit für die Gründung eines Unternehmens verschafft. Diese Art der Hilfe ermöglicht es dem Empfänger, seinen Lebensunterhalt zu bestreiten und seine Würde zu wahren. Zu den weiteren Ebenen zählen das anonyme Geben, um den Empfänger nicht in Verlegenheit zu bringen, das Geben, ohne zu wissen, wer der Empfänger ist, und das Geben, bevor man darum gebeten wird. Diese verschiedenen Ebenen unterstreichen die Bedeutung nicht nur des Gebens, sondern auch der Art und Weise, wie es geschieht, um sicherzustellen, dass die Würde des Empfängers gewahrt bleibt.

Tzedakah beschränkt sich nicht nur auf finanzielle Unterstützung. Dazu gehören auch freundliche und hilfsbereite Handlungen, wie z. B. ehrenamtliche Arbeit, emotionale Unterstützung und das Eintreten für soziale Gerechtigkeit. Diese Maßnahmen tragen zum allgemeinen Wohlergehen der Gemeinschaft bei und spiegeln das umfassendere Verständnis von Tzedakah als Verpflichtung zu Gerechtigkeit und Mitgefühl wider.

Einer der wichtigsten Zeitpunkte für die Abgabe von Tzedakah sind jüdische Feiertage und Ereignisse im Lebenszyklus. Beispielsweise ist es üblich, die Tzedakah vor dem Schabbat und an Festen sowie bei wichtigen Meilensteinen wie Hochzeiten, Bar- und Bat-Mizwa und Beerdigungen zu geben. Diese Praxis bestärkt die Idee, dass das Feiern und Markieren wichtiger Momente im Leben mit großzügigen Taten und sozialer Verantwortung einhergehen sollte.

Jüdische Gemeinden auf der ganzen Welt haben verschiedene Institutionen und Organisationen gegründet, die sich der Tzedakah widmen. Dazu gehören Lebensmittelbanken, Krankenhäuser, Schulen und gemeinnützige Stiftungen, die Bedürftige unterstützen. In Synagogen gibt es oft Tzedakah-Boxen, in denen Gemeindemitglieder

Geld spenden können, das dann an verschiedene wohltätige Zwecke verteilt wird. Dieser institutionalisierte Ansatz stellt sicher, dass Tzedakah ein zentraler und organisierter Teil des Gemeinschaftslebens ist.

Das Prinzip der Tzedakah geht über die jüdische Gemeinschaft hinaus und betont die Wichtigkeit, allen Menschen in Not zu helfen, unabhängig von ihrer Herkunft oder ihrem Glauben. Dieser universelle Ansatz für Nächstenliebe und Gerechtigkeit spiegelt den umfassenderen jüdischen Wert von „tikkun olam" wider, was bedeutet, die Welt zu reparieren. Tikkun Olam ermutigt Juden, sich für die Schaffung einer gerechteren und gerechteren Gesellschaft für alle einzusetzen.

Kindern die Tzedakah beizubringen, ist ein wichtiger Aspekt der jüdischen Bildung. Schon in jungen Jahren werden Kinder dazu ermutigt, sich an Spendenaktionen zu beteiligen, sei es durch die Spende eines Teils ihres Taschengeldes, durch ehrenamtliches Engagement oder durch die Beteiligung an Projekten, die anderen zugute kommen. Diese frühe Einbindung trägt dazu bei, die Werte Mitgefühl, Verantwortung und Gerechtigkeit zu vermitteln und sie zu fürsorglichen und ethischen Individuen zu formen.

Die Rolle von Tzedakah bei der Förderung sozialer Gerechtigkeit ist tiefgreifend. Durch die Versorgung der Bedürftigen und die Beseitigung sozialer Ungleichheiten trägt Tzedakah dazu bei, eine ausgewogenere und gerechtere Gesellschaft zu schaffen. Es ermutigt Einzelpersonen und Gemeinschaften, ihre Verbundenheit und gegenseitige Verantwortung zu erkennen und fördert so ein Gefühl der Solidarität und des kollektiven Wohlbefindens.

Tzedakah spielt auch eine entscheidende Rolle bei der Bewältigung systemischer Probleme wie Armut, Hunger und Ungleichheit. Durch die Unterstützung von Organisationen und Initiativen, die diese

Probleme an der Wurzel packen, trägt Tzedakah zu langfristigen Lösungen und nachhaltigen Veränderungen bei. Dieser Ansatz steht im Einklang mit der jüdischen Betonung von Gerechtigkeit und der Überzeugung, dass jeder die Möglichkeit verdient, in Würde und Sicherheit zu leben.

Tzedakah ist ein zentrales Konzept im Judentum, das Nächstenliebe, Gerechtigkeit und Rechtschaffenheit umfasst. Es handelt sich um eine moralische Verpflichtung, die über freiwilliges Geben hinausgeht und die Bedeutung von Fairness und Gerechtigkeit in der Gesellschaft betont. Durch verschiedene Formen der Unterstützung, darunter finanzielle Unterstützung, freundliche Taten und Fürsprache, trägt Tzedakah dazu bei, eine gerechtere und mitfühlendere Welt zu schaffen. Durch das Lehren und Praktizieren von Tzedakah halten jüdische Gemeinden ihr Engagement für soziale Gerechtigkeit aufrecht und tragen zum Wohlergehen aller Menschen bei.

Das Konzept von Tikkun Olam: Die Welt reparieren

Tikkun Olam ist ein hebräischer Ausdruck, der „die Welt reparieren" bedeutet. Dieses Konzept ist tief in der jüdischen Tradition und im jüdischen Denken verwurzelt und inspiriert soziales Handeln und gemeinnützige Arbeit. Bei der Idee von Tikkun Olam geht es darum, die Welt zu einem besseren Ort zu machen, indem soziale Ungerechtigkeiten angegangen, Bedürftigen geholfen und die allgemeine Lebensqualität aller Menschen verbessert wird. Dieses Prinzip ermutigt den Einzelnen, Verantwortung für das Wohlergehen anderer und der Umwelt zu übernehmen und fördert so ein Gefühl der Verbundenheit und der gemeinsamen Menschlichkeit.

Die Ursprünge von Tikkun Olam lassen sich auf alte jüdische Texte und Lehren zurückführen. In der Mischna, einem der frühesten rabbinischen Texte, wird der Ausdruck im Zusammenhang mit rechtlichen und sozialen Reformen verwendet, die auf eine Verbesserung der Gesellschaft abzielen. Die Rabbiner betonten die Bedeutung von Maßnahmen, die der Gemeinschaft zugute kommen, wie etwa Wohltätigkeit, Ehrlichkeit im Geschäftsleben und Fürsorge für die Schwachen. Im Laufe der Zeit entwickelte sich Tikkun Olam zu einem breiteren Spektrum an Aktivitäten zur Lösung sozialer und ökologischer Probleme.

Eines der Schlüsselelemente von Tikkun Olam ist der Glaube, dass Einzelpersonen die Macht und Verantwortung haben, positive Veränderungen in der Welt herbeizuführen. Diese Idee ist eng mit dem Konzept der „Mizwot" verbunden, bei denen es sich um Gebote oder gute Taten handelt, zu deren Ausführung Juden verpflichtet sind. Viele dieser Mizwot stehen in direktem Zusammenhang mit sozialer Gerechtigkeit und der Fürsorge für andere, wie etwa der Versorgung der Hungrigen, dem Besuch der Kranken und dem Schutz der Umwelt. Durch die Durchführung dieser Mizwot tragen

Einzelpersonen zum laufenden Prozess von Tikkun Olam bei.

Tikkun Olam beschränkt sich nicht auf Großprojekte oder große soziale Bewegungen; es kann auch durch kleine, alltägliche Handlungen geübt werden. Einfache Gesten der Freundlichkeit, wie die Hilfe für einen Nachbarn, ehrenamtliche Mitarbeit bei einer örtlichen Wohltätigkeitsorganisation oder die Reduzierung des eigenen ökologischen Fußabdrucks, tragen alle dazu bei, die Welt zu verbessern. Dieser Ansatz macht Tikkun Olam für jeden zugänglich, unabhängig von Alter, Herkunft oder Ressourcen.

In der Neuzeit ist Tikkun Olam zu einem zentralen Thema der jüdischen Arbeit für soziale Gerechtigkeit geworden. Viele jüdische Organisationen und Gemeinden engagieren sich aktiv in Initiativen, die sich mit Themen wie Armut, Ungleichheit, Klimawandel und Menschenrechten befassen. Diese Bemühungen orientieren sich oft an den Prinzipien von Tikkun Olam, die die Bedeutung von Mitgefühl, Gerechtigkeit und kollektiver Verantwortung betonen.

Ein Beispiel für Tikkun Olam in Aktion ist die Arbeit jüdischer Umweltorganisationen. Diese Gruppen konzentrieren sich auf die Förderung von Nachhaltigkeit, Naturschutz und Umweltgerechtigkeit. Sie setzen sich für eine Politik ein, die natürliche Ressourcen schützt, die Umweltverschmutzung verringert und den Klimawandel bekämpft. Durch die Teilnahme an diesen Aktivitäten erfüllen sie den jüdischen Auftrag, sich um die Erde zu kümmern und sicherzustellen, dass zukünftige Generationen eine gesunde und nachhaltige Welt genießen können.

Ein weiterer Bereich, in dem Tikkun Olam eine bedeutende Rolle spielt, ist die soziale und wirtschaftliche Gerechtigkeit. Jüdische Organisationen setzen sich häufig für die Lösung von Problemen wie Obdachlosigkeit, Hunger und

Zugang zu Bildung und Gesundheitsversorgung ein. Sie leisten direkte Hilfe für Bedürftige, setzen sich für systemische Veränderungen ein und arbeiten mit anderen Gemeindegruppen zusammen, um eine gerechtere und gerechtere Gesellschaft zu schaffen. Diese Arbeit spiegelt die jüdischen Werte Mitgefühl, Würde und den Glauben wider, dass jeder ein Leben in Sicherheit und Chancen verdient.

Tikkun Olam inspiriert auch zur interreligiösen und interkulturellen Zusammenarbeit. Durch die Zusammenarbeit mit Menschen unterschiedlicher Herkunft und Glaubensrichtung können jüdische Gemeinden Brücken des Verständnisses und der Zusammenarbeit bauen. Diese Partnerschaften tragen zur Bewältigung gemeinsamer Herausforderungen wie Armut, Diskriminierung und Umweltzerstörung bei und verdeutlichen die universelle Bedeutung der Zusammenarbeit für die Schaffung einer besseren Welt.

Bildung ist ein weiterer wichtiger Aspekt von Tikkun Olam. Die Vermittlung der Werte und Praktiken von Tikkun Olam an Kinder und Jugendliche trägt dazu bei, schon in jungen Jahren ein Gefühl für soziale Verantwortung und ethisches Verhalten zu vermitteln. Jüdische Schulen und Bildungsprogramme beinhalten häufig Unterricht zu sozialer Gerechtigkeit, Umweltschutz und gemeinnütziger Arbeit. Diese Lektionen regen die Schüler dazu an, kritisch über die Welt um sie herum nachzudenken und Maßnahmen zu ergreifen, um eine positive Wirkung zu erzielen.

Tikkun Olam hat auch eine spirituelle Dimension. Viele Juden betrachten ihre Bemühungen, die Welt zu reparieren, als eine Möglichkeit, sich mit Gott zu verbinden und ihren religiösen Verpflichtungen nachzukommen. Diese spirituelle Perspektive verleiht ihren Handlungen eine tiefere Bedeutung und bestärkt die Vorstellung, dass die Fürsorge für andere und den Planeten eine heilige Pflicht ist. Es vermittelt auch ein Gefühl von Zielstrebigkeit und

Erfüllung, da man weiß, dass seine Bemühungen zu einem größeren, göttlichen Plan für eine gerechte und harmonische Welt beitragen.

Tikkun Olam ist ein kraftvolles und inspirierendes Konzept im Judentum, das Einzelpersonen dazu ermutigt, Maßnahmen zu ergreifen, um die Welt zu reparieren. Es umfasst ein breites Spektrum an Aktivitäten, von kleinen Gesten der Freundlichkeit bis hin zu groß angelegten Initiativen für soziale Gerechtigkeit. Durch die Förderung von Mitgefühl, Gerechtigkeit und kollektiver Verantwortung trägt Tikkun Olam dazu bei, eine bessere, gerechtere Welt für alle Menschen zu schaffen. Durch Bildung, gemeinnützige Arbeit und interreligiöse Zusammenarbeit inspirieren und leiten die Prinzipien von Tikkun Olam weiterhin die Bemühungen, die drängenden Probleme unserer Zeit anzugehen.

Ethische Lehren von Pirkei Avot

Pirkei Avot, auch bekannt als „Ethik der Väter", ist eine Zusammenstellung ethischer Lehren und Maximen aus der Mischna-Zeit. Dieses Traktat der Mischna ist einzigartig, weil es sich eher auf moralische Ratschläge und praktische Weisheit als auf rechtliche Entscheidungen konzentriert. Pirkei Avot bietet zeitlose Anleitungen für ein gutes und rechtschaffenes Leben, und seine Lehren sind auch heute noch relevant und inspirierend.

Eine der zentralen Lehren von Pirkei Avot ist die Wichtigkeit, andere mit Respekt und Freundlichkeit zu behandeln. Hillel der Ältere sagte bekanntlich: „Was dir zuwider ist, tue deinen Mitmenschen nicht an. Das ist die ganze Thora; der Rest ist die Erklärung; geh und lerne." Dieses als Goldene Regel bekannte Prinzip ermutigt uns, die Auswirkungen unseres Handelns auf andere zu berücksichtigen und mit Empathie und Mitgefühl zu handeln. In der heutigen Welt fördert diese Lehre eine Kultur des Respekts und des Verständnisses und trägt zum Aufbau harmonischer Beziehungen und Gemeinschaften bei.

Eine weitere wichtige Lehre von Pirkei Avot ist der Wert der Demut. Rabbi Yochanan ben Zakkai lehrte: „Wenn du viel Tora gelernt hast, rühme dich nicht selbst, denn dafür wurdest du geschaffen." Dies erinnert uns daran, bescheiden zu bleiben und zu erkennen, dass unsere Leistungen Teil unserer Pflicht als Menschen sind. Demut ist in einer Welt, in der Arroganz und Eigenwerbung oft gefeiert werden, unerlässlich. Indem wir Demut fördern, können wir eine kooperativere und unterstützendere Gesellschaft schaffen, in der Einzelpersonen für das Gemeinwohl zusammenarbeiten.

Pirkei Avot betont auch die Bedeutung kontinuierlichen Lernens und der Selbstverbesserung. Ben Zoma sagte: „Wer ist weise? Wer von jedem lernt, wie es heißt: ‚Von all meinen Lehrern habe ich Verständnis gewonnen'." Diese Lehre ermutigt zu einem lebenslangen

Streben nach Wissen und Weisheit und erinnert uns daran, dass es immer etwas von anderen zu lernen gibt. In der sich schnell verändernden Welt von heute ist die Fähigkeit, sich durch kontinuierliches Lernen anzupassen und zu wachsen, wichtiger denn je. Indem wir uns diese Denkweise zu eigen machen, können wir offen für neue Ideen und Perspektiven bleiben und so Innovation und persönliche Entwicklung fördern.

Das Konzept der Gerechtigkeit ist ein weiteres wichtiges Thema in Pirkei Avot. Rabbi Shimon ben Gamliel erklärte: „Die Welt steht auf drei Dingen: auf Gerechtigkeit, auf Wahrheit und auf Frieden." Gerechtigkeit beinhaltet Gerechtigkeit und den Schutz der Rechte aller Menschen. Diese Lehre unterstreicht die Notwendigkeit, gerechte und gerechte Systeme in der Gesellschaft zu schaffen und sicherzustellen, dass jeder mit Gerechtigkeit und Würde behandelt wird. Heutzutage steht das Eintreten für soziale Gerechtigkeit und die Bekämpfung von Ungleichheiten im Einklang mit diesem ethischen Prinzip und fördert eine gerechtere und friedlichere Welt.

Auch Pirkei Avot betont die Bedeutung von Handeln und Verantwortung. Rabbi Tarfon lehrte: „Es liegt nicht in Ihrer Verantwortung, die Arbeit zu Ende zu bringen, aber es steht Ihnen auch nicht frei, davon Abstand zu nehmen." Das bedeutet, dass wir zwar nicht in der Lage sind, jedes Problem zu lösen oder jede Aufgabe zu erledigen, wir aber dennoch die Pflicht haben, einen Beitrag zu leisten und uns anzustrengen. Diese Lehre ermutigt uns, Verantwortung für unser Handeln zu übernehmen und auf positive Veränderungen hinzuarbeiten, auch wenn die Ergebnisse ungewiss sind. In der heutigen komplexen und vernetzten Welt motiviert dieses Prinzip den Einzelnen, sich für soziale und ökologische Anliegen zu engagieren, in dem Wissen, dass seine Bemühungen, egal wie klein sie auch sein mögen, einen Unterschied machen können.

Respekt gegenüber Lehrern und Mentoren ist eine weitere wichtige Lehre in Pirkei Avot. Rabbi Elazar ben Shamua sagte: „Lass dir die Ehre deines Schülers genauso teuer sein wie deine eigene und die Ehre deines Kollegen wie die Ehrfurcht vor deinem Lehrer." Diese Lehre unterstreicht den Wert gegenseitigen Respekts und Wertschätzung in Bildungs- und Berufsbeziehungen. Es fördert eine Kultur des Respekts und der Dankbarkeit und erkennt die wichtige Rolle an, die Lehrer und Mentoren für unser persönliches und intellektuelles Wachstum spielen. In der heutigen Zeit ist es für die Schaffung unterstützender und effektiver Lernumgebungen von entscheidender Bedeutung, den Respekt gegenüber Pädagogen zu fördern und ihre Beiträge zu würdigen.

Pirkei Avot befasst sich auch mit der Balance zwischen Arbeit und spirituellem Leben. Rabbi Meir lehrte: „Minimieren Sie Ihre geschäftlichen Aktivitäten und beschäftigen Sie sich mit der Thora." Diese Lehre erinnert uns daran, wie wichtig es ist, ein Gleichgewicht zwischen unseren materiellen Bestrebungen und unserer spirituellen und ethischen Entwicklung zu finden. In der heutigen schnelllebigen und materialistischen Welt ermutigt uns dieses Prinzip, unseren Werten und unserem persönlichen Wachstum Vorrang vor dem unermüdlichen Streben nach Reichtum und Erfolg zu geben. Wenn wir dieses Gleichgewicht finden, können wir ein erfüllteres und sinnvolleres Leben führen.

Der Wert des Friedens ist eine weitere zentrale Lehre in Pirkei Avot. Hillel sagte: „Seid einer der Jünger Aarons, der den Frieden liebt und nach Frieden strebt." Diese Lehre betont die Bedeutung der Förderung des Friedens und der Lösung von Konflikten in unseren Beziehungen und Gemeinschaften. In einer Welt, die oft von Zwietracht und Spaltung geprägt ist, ist das Streben nach Frieden entscheidend für die Schaffung harmonischer und unterstützender Umgebungen. Indem wir Verständnis und Zusammenarbeit fördern, können wir zu einer friedlicheren und stabileren Gesellschaft beitragen.

Pirkei Avot lehrt die Bedeutung von Dankbarkeit und Wertschätzung. Ben Zoma sagte: „Wer ist reich? Wer mit seinem Los zufrieden ist." Diese Lehre ermutigt uns, das zu schätzen, was wir haben, und Zufriedenheit in unserem Leben zu finden. In einer Gesellschaft, in der Reichtum oft mit Glück gleichgesetzt wird, erinnert uns dieses Prinzip daran, dass wahrer Reichtum aus Zufriedenheit und Dankbarkeit resultiert. Indem wir uns auf die positiven Aspekte unseres Lebens konzentrieren und Dankbarkeit zum Ausdruck bringen, können wir ein Gefühl der Erfüllung und des Wohlbefindens entwickeln.

Die ethischen Lehren von Pirkei Avot bieten zeitlose Weisheit und Anleitung für die Führung eines guten und gerechten Lebens. Diese Lehren betonen die Bedeutung von Respekt, Demut, kontinuierlichem Lernen, Gerechtigkeit, Handeln,

Respekt gegenüber Lehrern, Ausgeglichenheit, Frieden und Dankbarkeit. In der heutigen Welt bleiben diese Prinzipien relevant und inspirierend und bilden eine Grundlage für ethisches Verhalten und persönliches Wachstum. Indem wir diese Lehren annehmen, können wir zu einer gerechteren, mitfühlenderen und friedlicheren Gesellschaft beitragen.

KAPITEL 9

Jüdische Mystik und Kabbala

Einführung in die Kabbala

Die Kabbala ist eine mystische Tradition innerhalb des Judentums, die versucht, die Natur Gottes, des Universums und der menschlichen Seele zu verstehen. Das Wort „Kabbalah" bedeutet auf Hebräisch „Empfangen" und bezieht sich auf das Wissen, das über Generationen jüdischer Gelehrter und Mystiker weitergegeben wurde. Diese mystische Tradition hat ihre Wurzeln in alten jüdischen Texten, wurde jedoch im Mittelalter, insbesondere im 12. und 13. Jahrhundert, formeller weiterentwickelt.

Die Ursprünge der Kabbala lassen sich auf frühere jüdische mystische und esoterische Traditionen zurückführen. Zu den frühesten Einflüssen gehören das Sefer Yetzirah (Buch der Schöpfung) und das Sefer HaBahir (Buch der Helligkeit), bei denen es sich um grundlegende Texte handelt, die die Natur der Schöpfung und die mystische Interpretation des hebräischen Alphabets erforschen. Diese Werke legten den Grundstein für das umfassendere System des kabbalistischen Denkens, das später entstehen sollte.

Einer der zentralen Texte der Kabbala ist der Sohar, ein mystischer Kommentar zur Thora in Romanform. Der Sohar wurde im 13. Jahrhundert vom spanisch-jüdischen Mystiker Rabbi Moses de Leon verfasst, der ihn dem Weisen Rabbi Shimon bar Yochai aus dem 2. Jahrhundert zuschrieb. Der Sohar befasst sich mit den verborgenen Bedeutungen der Tora und erforscht Themen wie die Natur Gottes, den Schöpfungsprozess, die Struktur der spirituellen Bereiche und die Rolle der Menschheit im göttlichen Plan.

Die Kabbala basiert auf mehreren Schlüsselprinzipien, die darauf abzielen, die Beziehung zwischen dem unendlichen, unerkennbaren Gott (als Ein Sof bezeichnet, was „ohne Ende" bedeutet) und der endlichen, materiellen Welt zu erklären. Eines dieser Prinzipien ist das Konzept der Sefirot, das sind zehn Emanationen oder Attribute, durch die Gott mit dem Universum interagiert. Diese Sefirot werden oft als Baum dargestellt, der als Baum des Lebens bekannt ist, wobei jede Sefirah einen anderen Aspekt der Natur Gottes repräsentiert, wie Weisheit, Verständnis, Güte und Gerechtigkeit. Die Sefirot sind miteinander verbunden und es wird angenommen, dass ihre Interaktionen die Entwicklung der Ereignisse in der Welt beeinflussen.

Ein weiteres wichtiges Konzept in der Kabbala ist die Idee der göttlichen Funken oder Nitzotzot. Als Gott die Welt erschuf, befand sich nach kabbalistischer Auffassung göttliches Licht in

Gefäßen, die zerbrachen und diese Funken im gesamten Universum verstreuten. Laut Kabbala besteht die Aufgabe der Menschheit darin, diese Funken durch rechtschaffenes Handeln, Gebet und das Studium der Thora zu sammeln und zu entfachen, um so die Harmonie der Schöpfung wiederherzustellen und spirituelle Erlösung herbeizuführen.

Die Kabbala betont auch die Bedeutung der Absicht oder Kavanah in der religiösen Praxis. Es lehrt, dass die spirituelle Wirksamkeit von Gebeten und Ritualen erheblich gesteigert wird, wenn sie mit der richtigen Absicht und Achtsamkeit ausgeführt werden. Dieser Fokus auf innere Hingabe und die Ausrichtung von Herz und Geist auf das Göttliche ist ein Markenzeichen der kabbalistischen Spiritualität.

Einer der faszinierenden Aspekte der Kabbala ist ihr Ansatz zum Verständnis der Geheimnisse des hebräischen Alphabets und der Thora. Kabbalisten glauben, dass die hebräischen Buchstaben nicht nur Symbole sind, sondern von göttlicher Kraft und Bedeutung erfüllt sind. Durch verschiedene Techniken wie Gematria (numerische Interpretation von Wörtern), Notarikon (Akrostichon-Methoden) und Temurah (Buchstaben neu anordnen) decken Kabbalisten verborgene Bedeutungen und Zusammenhänge innerhalb der heiligen Texte auf. Es wird angenommen, dass diese Methoden tiefere Einblicke in die Natur Gottes und des Universums ermöglichen.

Zusätzlich zu ihren theoretischen Aspekten hat die Kabbala eine praktische Seite, die meditative und kontemplative Praktiken umfasst. Diese Praktiken sollen dem Einzelnen helfen, sich mit dem Göttlichen zu verbinden und höhere spirituelle Bewusstseinszustände zu erreichen. Um dieses Ziel zu erreichen, werden Techniken wie die Visualisierung der Sefirot, das Rezitieren heiliger Namen Gottes und das Meditieren über bestimmte Passagen aus der Thora eingesetzt. Das ultimative

Ziel dieser Praktiken ist es, ein Gefühl der Einheit mit dem Göttlichen zu erfahren und tiefe Einblicke in die Natur der Realität zu gewinnen.

Die Kabbala hatte im Laufe der Jahrhunderte einen erheblichen Einfluss auf das jüdische Denken und die jüdische Praxis. Es hat verschiedene Bewegungen innerhalb des Judentums inspiriert, beispielsweise den Chassidismus, der im 18. Jahrhundert entstand. Der Chassidismus legt großen Wert auf freudige Anbetung, mystische Erfahrungen und die Gegenwart Gottes im Alltag. Viele chassidische Lehren und Bräuche sind tief in kabbalistischen Ideen verwurzelt und machen die mystische Tradition zu einem integralen Bestandteil ihres religiösen Lebens.

Trotz ihrer tiefen Wurzeln in der jüdischen Tradition hat die Kabbala auch über die jüdische Gemeinschaft hinaus Interesse geweckt. In den letzten Jahren hat die Kabbala bei Menschen unterschiedlicher Herkunft, die spirituelle Einsicht und persönliche Transformation suchen, an Popularität gewonnen. Es ist jedoch wichtig, sich der Kabbala mit Respekt vor ihren Ursprüngen und ihrem Kontext zu nähern, da es sich um eine komplexe und tiefgreifende Tradition handelt, die ernsthaftes Studium und Engagement erfordert.

Die Kabbala ist eine reiche und komplexe mystische Tradition innerhalb des Judentums, die versucht, die Natur Gottes, des Universums und der menschlichen Seele zu verstehen. Mit ihren Ursprüngen in alten jüdischen Texten und ihrer Entwicklung im Mittelalter bietet die Kabbala eine einzigartige Perspektive auf die Beziehung zwischen dem Unendlichen und dem Endlichen. Durch ihre Prinzipien wie die Sefirot, göttliche Funken und die Kraft der Absicht bietet die Kabbala einen Rahmen für spirituelles Wachstum und das Streben nach göttlichem Wissen. Ob durch theoretisches Studium oder praktische Meditation, die Kabbala inspiriert und leitet weiterhin diejenigen, die eine tiefere Verbindung mit dem Göttlichen suchen.

Hauptkonzepte: Der Baum des Lebens und die Sefirot

Der Baum des Lebens und die Sefirot sind zentrale Konzepte im kabbalistischen Denken und bieten einen Rahmen für das Verständnis der Beziehung zwischen Gott, dem Universum und der menschlichen Seele. Der Baum des Lebens ist ein symbolisches Diagramm, das in der Kabbala verwendet wird, um die Struktur der spirituellen Welt darzustellen. Er besteht aus zehn Sefirot oder göttlichen Emanationen, durch die Gott mit der Schöpfung interagiert und sie erhält.

Der Baum des Lebens wird oft als Baum mit Wurzeln im Himmel und Ästen dargestellt, die bis zur Erde reichen. Jede Sefirah (Singular von Sefirot) repräsentiert ein anderes Attribut oder einen anderen Aspekt Gottes. Diese Sefirot sind miteinander verbunden und bilden Wege, die den

Fluss göttlicher Energie von einer Sefirah zur anderen darstellen. Das Verständnis des Baumes des Lebens und der Sefirot hilft zu erklären, wie sich der unendliche, unerkennbare Gott, bekannt als Ein Sof (was „ohne Ende" bedeutet), auf die endliche, physische Welt beziehen kann.

Die erste Sefira ist Keter, was „Krone" bedeutet. Es ist der höchste Punkt auf dem Baum des Lebens und repräsentiert den göttlichen Willen und die Quelle aller Schöpfung. Man geht davon aus, dass Keter außerhalb des menschlichen Verständnisses liegt und ein Ort ist, an dem das Göttliche und das Unendliche entstehen. Aus Keter fließt die zweite Sefirah, Chochmah oder „Weisheit". Chochmah stellt den ersten Funken der Schöpfung dar, den Blitz der Einsicht oder Inspiration, der dem Verständnis vorausgeht.

Die dritte Sefira ist Binah, was „Verstehen" bedeutet. Binah nimmt das rohe Potenzial von Chochmah, gibt ihm Form und formt es zu etwas

Verständlichem. Zusammen bilden Chochmah und Binah die erste Triade von Sefirot, bekannt als die „Übernatürliche Triade", die die höchsten Ebenen des göttlichen Bewusstseins repräsentiert.

Unterhalb dieser Triade befindet sich die Sefirah von Chesed, was „Güte" oder „liebende Güte" bedeutet. Chesed verkörpert die weitreichende, gebende Natur Gottes, die göttliche Liebe, die frei und reichlich fließt. Gegenüber von Chesed steht Gevurah, was „Stärke" oder „Urteil" bedeutet. Gwura stellt den Aspekt Gottes dar, der Grenzen, Gerechtigkeit und Disziplin durchsetzt. Diese beiden Sefirot gleichen sich gegenseitig aus und erzeugen eine dynamische Spannung zwischen Geben und Zurückhalten.

Die nächste Sefirah ist Tiferet, was „Schönheit" bedeutet. Tiferet ist das Zentrum des Baumes des Lebens und harmonisiert die Qualitäten von Chesed und Gevurah. Es steht für Ausgeglichenheit, Mitgefühl und Wahrheit. Tiferet wird oft mit dem

Herzen und der Schönheit in Verbindung gebracht, die aus der Kombination von Freundlichkeit und Urteilsvermögen entsteht.

Unter Tiferet steht Netzach, was „Ewigkeit" oder „Sieg" bedeutet. Netzach steht für Ausdauer, Beharrlichkeit und den Drang, etwas zu erreichen. Es ist die Kraft, die vorantreibt und Hindernisse überwindet. Gegenüber von Netzach steht Hod, was „Herrlichkeit" oder „Pracht" bedeutet. Hod steht für Demut, Unterwerfung und die Anerkennung der göttlichen Ordnung.

Die nächste Sefirah ist Yesod, was „Grundlage" bedeutet. Jessod ist der Punkt, an dem sich die spirituelle und die physische Welt verbinden. Es kanalisiert die Energien der oberen Sefirot in den materiellen Bereich und fungiert als Brücke zwischen beiden. Jessod wird oft mit der Vorstellung einer rechtschaffenen Person oder Zaddik in Verbindung gebracht, die diese Verbindung verkörpert.

Die letzte Sefira am Baum des Lebens ist Malchut, was „Königreich" bedeutet. Malchut repräsentiert die physische Welt und die Manifestation des Göttlichen in greifbarer Form. Es ist der Bereich des Handelns und der Ort, an dem spirituelle Prinzipien im Alltag verwirklicht werden. Malchut wird auch als der weibliche Aspekt des Göttlichen angesehen, der die Energien der höheren Sefirot empfängt und nährt.

Jede Sefirah stellt nicht nur ein göttliches Attribut dar, sondern entspricht auch verschiedenen Aspekten menschlicher Erfahrung und Persönlichkeit. Durch das Studium und die Meditation über die Sefirot versuchen Kabbalisten, sich mit diesen göttlichen Eigenschaften in Einklang zu bringen und spirituelles Wachstum und Erleuchtung herbeizuführen. Das Zusammenspiel der Sefirot am Baum des Lebens spiegelt die komplexe, dynamische Natur der Schöpfung und den fortlaufenden Prozess der göttlichen Interaktion mit der Welt wider.

Der Baum des Lebens umfasst auch 22 Pfade, die die Sefirot verbinden, entsprechend den 22 Buchstaben des hebräischen Alphabets. Diese Pfade repräsentieren verschiedene spirituelle Zustände und die Reise der Seele zu einem höheren Bewusstsein. Es wird angenommen, dass das Beschreiten dieser Wege durch Meditation und Kontemplation zu einem größeren spirituellen Verständnis und einer Nähe zu Gott führt.

Das kabbalistische Denken betont die Bedeutung von Gleichgewicht und Harmonie unter den Sefirot. Wenn eine Sefira übermäßig dominant ist oder fehlt, kann dies zu Disharmonie im Individuum und in der Welt führen. Beispielsweise kann übermäßiges Chesed ohne die ausgleichende Kraft von Gevurah zu unkontrollierter Großzügigkeit führen, während übermäßiges Chesed ohne Chesed zu Härte und Starrheit führen kann. Ziel ist es, die Qualitäten jeder Sefirah auf ausgewogene Weise zu kultivieren und so ein harmonisches inneres und äußeres Leben zu schaffen.

Zusätzlich zu ihrer theologischen Bedeutung werden die Sefirot in der praktischen Kabbala verwendet, um persönliche und gemeinschaftliche Probleme anzusprechen. Beispielsweise könnte die Meditation über die Sefira von Tiferet jemandem helfen, Mitgefühl und Ausgeglichenheit in seinen Beziehungen zu entwickeln, während die Konzentration auf Yesod seinen Sinn für Ziele und die Verbindung zu anderen stärken könnte.

Der Baum des Lebens und die Sefirot sind nicht nur abstrakte Konzepte, sondern sollen in das tägliche Leben integriert werden. Durch die Verkörperung der Qualitäten der Sefirot können Einzelpersonen die göttlichen Eigenschaften in ihren Handlungen und Interaktionen widerspiegeln. Dieser Prozess der spirituellen Verfeinerung und des spirituellen Wachstums wird als eine Möglichkeit angesehen, sich selbst und der Welt Heilung und Ganzheit zu verleihen.

Der Baum des Lebens und die Sefirot stehen im Mittelpunkt des kabbalistischen Denkens und bieten eine detaillierte Karte des spirituellen Universums und der göttlichen Eigenschaften. Die Sefirot stellen verschiedene Aspekte Gottes und der menschlichen Erfahrung dar und ihr Zusammenspiel spiegelt die dynamische Natur der Schöpfung wider. Durch das Studium und die Meditation über die Sefirot versucht der Einzelne, sich mit göttlichen Qualitäten in Einklang zu bringen, spirituelles Wachstum zu erreichen und Harmonie in seinem Leben und der Welt herbeizuführen.

Der Einfluss der Mystik auf das jüdische Denken

Die jüdische Mystik, insbesondere durch die Kabbala, hat das jüdische Denken, die Philosophie und die Praxis tiefgreifend beeinflusst. Die Mystik im Judentum bietet ein tieferes, esoterischeres

Verständnis des Göttlichen und des Universums, das die praktischeren Aspekte des jüdischen Gesetzes und der jüdischen Tradition ergänzt und bereichert. Diese mystische Dimension hat die Art und Weise geprägt, wie Juden über ihre Beziehung zu Gott, den Zweck der Schöpfung und die Natur ihrer spirituellen Praktiken denken.

Eines der zentralen Konzepte der jüdischen Mystik ist die Idee von Ein Sof, dem unendlichen und unerkennbaren Aspekt Gottes. Dieses Konzept betont das Geheimnis und die Transzendenz Gottes und fördert ein Gefühl der Ehrfurcht und Demut. Es steht im Gegensatz zu eher anthropomorphen Ansichten über Gott und lädt Gläubige dazu ein, sich auf eine spirituelle Entdeckungsreise einzulassen und zu versuchen, diese unendliche göttliche Präsenz zu verstehen und sich mit ihr in Verbindung zu setzen.

Kabbalistische Lehren, insbesondere solche, die in Texten wie dem Sohar zu finden sind, bieten eine symbolische und allegorische Interpretation der Thora und anderer jüdischer Texte. Diese Interpretationen offenbaren tiefere Bedeutungsebenen und legen nahe, dass jedes Wort und jeder Buchstabe der Thora verborgene Weisheit enthält. Diese Perspektive hat die jüdische Wissenschaft beeinflusst und einen kontemplativeren und meditativeren Ansatz beim Studium heiliger Texte gefördert. Gelehrte und Laien werden gleichermaßen dazu inspiriert, über die wörtlichen Bedeutungen hinauszuschauen, um die in den heiligen Schriften verankerten spirituellen Wahrheiten aufzudecken.

Das Konzept der Sefirot, der zehn göttlichen Emanationen, durch die Gott mit der Welt interagiert, hatte auch einen erheblichen Einfluss auf das jüdische Denken. Die Sefirot bieten einen Rahmen zum Verständnis der verschiedenen Aspekte des Charakters Gottes und wie sich diese Aspekte in der Welt und im Menschen widerspiegeln. Dieser Rahmen ermutigt Juden, diese göttlichen Eigenschaften in sich selbst zu kultivieren, wie Weisheit (Chochmah), Verständnis (Binah), Freundlichkeit (Chesed) und Gerechtigkeit (Gevurah). Durch das Bemühen, diese Eigenschaften zu verkörpern, kann der Einzelne Gott näher kommen und ein gerechteres Leben führen.

Die jüdische Mystik betont die Bedeutung persönlicher spiritueller Erfahrung und die transformative Kraft von Gebet und Meditation. Mystische Praktiken wie die Betrachtung der göttlichen Namen und die meditative Visualisierung der Sefirot zielen darauf ab, die Seele zu erheben und sie in eine engere Verbindung mit Gott zu bringen. Diese Praktiken haben das jüdische Gebet beeinflusst und es nicht nur zu einem formellen Ritual gemacht, sondern zu einem Mittel, um spirituellen Aufstieg und göttliche Intimität zu erreichen.

Die mystische Idee von Tikkun Olam oder „die Welt reparieren" hatte tiefgreifende Auswirkungen auf die jüdische Sozialethik und den jüdischen Aktivismus. Der kabbalistischen Lehre zufolge befindet sich die Welt in einem Zustand geistiger Zerrüttung, und es ist die Pflicht eines jeden Juden, an seiner Heilung mitzuwirken. Dieses Konzept fördert freundliches, wohltätiges und soziales Handeln und betrachtet sie nicht nur als ethische Gebote, sondern als spirituelle Missionen. Tikkun Olam inspiriert Juden, sich für eine bessere, gerechtere Welt einzusetzen, indem sie den göttlichen Willen widerspiegelt und Gottes Gegenwart in den materiellen Bereich bringt.

Die Kabbala hat auch die jüdischen Ansichten über das Leben nach dem Tod und die Reise der Seele beeinflusst. Mystische Lehren beschreiben den Abstieg der Seele in die physische Welt als vorübergehendes Exil mit dem ultimativen Ziel, zu ihrer göttlichen Quelle zurückzukehren. Diese Perspektive bietet Trost und Hoffnung und legt nahe, dass das Leben auf der Erde Teil einer größeren, bedeutungsvollen spirituellen Reise ist. Es fördert auch ethisches Verhalten, da davon ausgegangen wird, dass Handlungen in diesem Leben den Fortschritt der Seele und ihre endgültige Wiedervereinigung mit Gott beeinflussen.

Die jüdische Mystik hatte einen erheblichen Einfluss auf jüdische Gemeinschaftspraktiken und Rituale. Mystische Interpretationen jüdischer Feiertage beispielsweise verleihen ihrer Einhaltung tiefere Bedeutungsebenen. Das Pessachfest, das den Auszug aus Ägypten feiert, wird auch als Zeit der persönlichen spirituellen Befreiung und der Berichtigung der Seele angesehen. Ebenso wird das Omer-Zählen, die Zeit zwischen Pessach und Schawuot, als eine Zeit der spirituellen Verfeinerung angesehen, die der Reinigung der Sefirot entspricht.

Der Einfluss der Mystik zeigt sich in der chassidischen Bewegung, die im 18. Jahrhundert entstand. Der Chassidismus betont Freude, inbrünstiges Gebet und die Immanenz Gottes in allen Aspekten des Lebens. Es stützt sich stark auf kabbalistische Lehren, insbesondere auf die Ideen der göttlichen Immanenz und der spirituellen Bedeutung alltäglicher Handlungen. Chassidische Geschichten und Lehren betonen oft die Bedeutung der Absicht (Kavanah) und der Gegenwart Gottes bei alltäglichen Aktivitäten und ermutigen Anhänger, Heiligkeit im Gewöhnlichen zu finden.

Mystische Konzepte haben auch die jüdischen ethischen Lehren geprägt, insbesondere jene, die in Pirkei Avot (Ethik der Väter) zu finden sind. Der Fokus auf Demut, das Streben nach Weisheit und die Bedeutung der Gemeinschaft spiegelt mystische Werte wider. Die Lehren berühmter Mystiker wie Rabbi Isaac Luria und Rabbi Moshe Cordovero wurden in die gängige jüdische Ethik integriert und betonen die Vernetzung aller Wesen und die göttliche Natur ethischen Verhaltens.

Die Wirkung der jüdischen Mystik erstreckt sich auch auf die jüdische Kunst und Kultur. Mystische Symbole wie der Baum des Lebens und die verschiedenen Darstellungen der Sefirot sind in der jüdischen Kunst weit verbreitet und bieten visuelle Darstellungen komplexer spiritueller Konzepte. Mystische Themen finden sich auch in jüdischer Musik und Poesie, wo sie die Sehnsucht nach göttlicher Verbindung und die Schönheit der spirituellen Reise zum Ausdruck bringen.

Die jüdische Mystik hat die jüdische Philosophie, Praxis und Kultur tiefgreifend beeinflusst. Seine Lehren über die Natur Gottes, die Struktur des Universums und den Zweck des menschlichen Lebens bieten eine reichhaltige, mehrdimensionale Perspektive, die das traditionelle jüdische Recht und die traditionelle jüdische Ethik ergänzt. Durch die Integration mystischer Einsichten in ihr tägliches Leben können Juden ihre spirituelle Praxis vertiefen, einen größeren Sinn in ihren Ritualen finden und zur Heilung und Verbesserung der Welt beitragen. Durch seinen Schwerpunkt auf persönlicher Transformation, göttlicher Verbindung und sozialer Verantwortung inspiriert und bereichert die jüdische Mystik weiterhin das jüdische Leben und Denken.

KAPITEL 10

Modernes Judentum

Die verschiedenen Konfessionen: Orthodoxe, Konservative, Reformierte und Rekonstruktivisten

Das moderne Judentum ist eine vielfältige und dynamische Tradition mit verschiedenen Konfessionen, die unterschiedliche Überzeugungen und Praktiken widerspiegeln. Das Verständnis dieser Konfessionen kann uns helfen, das reiche Spektrum des jüdischen Lebens und seine weitere Entwicklung besser zu verstehen. Die vier Hauptkonfessionen innerhalb des Judentums sind Orthodoxe, Konservative, Reformierte und Rekonstruktivisten, jede mit ihrer eigenen Herangehensweise an jüdisches Recht, Tradition und Moderne.

Das orthodoxe Judentum ist der traditionellste Zweig und hält eng an der Thora und dem Talmud als göttlichen und maßgeblichen Texten fest. Orthodoxe Juden glauben an die Unveränderlichkeit der Halacha (jüdisches Gesetz) und bemühen sich, ihre Gebote in ihrem täglichen Leben zu befolgen. Diese Konfession zeichnet sich durch einen starken Schwerpunkt auf die Einhaltung ritueller Rituale aus, beispielsweise auf die Einhaltung koscherer Speisegesetze, die Einhaltung des Sabbats und das tägliche Gebet. In orthodoxen Gemeinschaften haben Männer und Frauen im religiösen Umfeld häufig unterschiedliche Rollen, wobei Männer und Frauen in Synagogen getrennt sitzen und unterschiedliche Erwartungen an religiöse Pflichten haben. Die orthodoxe Welt ist vielfältig und reicht von modernen Orthodoxen, die sich mit der heutigen Gesellschaft auseinandersetzen und gleichzeitig traditionelle Praktiken beibehalten, bis hin zu ultraorthodoxen oder Haredi-Juden, die oft in Inselgemeinschaften leben und moderne säkulare Einflüsse meiden.

Das konservative Judentum, außerhalb Nordamerikas als Masorti-Judentum bekannt, versucht, Tradition und Moderne in Einklang zu bringen. Diese Konfession entstand im 19. Jahrhundert als Reaktion auf die wahrgenommene Starrheit der Orthodoxie und den wahrgenommenen Liberalismus des Reformjudentums. Konservative Juden halten an der Bedeutung der Halacha fest, glauben jedoch, dass sie sich als Reaktion auf sich ändernde Zeiten und Umstände weiterentwickeln und anpassen kann. Sie beschäftigen sich mit der kritischen Untersuchung jüdischer Texte und wenden historische und wissenschaftliche Methoden an, um sie zu verstehen und zu interpretieren. In konservativen Synagogen sitzen möglicherweise Männer und Frauen zusammen und Frauen nehmen stärker an religiösen Ritualen teil, einschließlich der Leitung von Gottesdiensten und der Lesung aus der Thora. Das konservative Judentum betont die Bedeutung von Gemeinschaft und Kontinuität und zielt darauf ab, die jüdische

Tradition zu bewahren und sie gleichzeitig für das zeitgenössische Leben relevant zu machen.

Das Reformjudentum, auch progressives oder liberales Judentum genannt, entstand im frühen 19. Jahrhundert in Deutschland als Reaktion auf Aufklärung und Moderne. Reformjuden geben der individuellen Autonomie und den ethischen Lehren des Judentums Vorrang vor der strikten Einhaltung traditioneller Rituale. Sie betrachten die Thora als ein lebendiges Dokument, das den historischen Kontext widerspiegelt, in dem sie geschrieben wurde, und daher werden ihre Gebote eher als Richtlinien denn als verbindliche Gesetze angesehen. Reformsynagogen integrieren oft moderne Elemente in ihre Gottesdienste, wie zum Beispiel Musikinstrumente und Predigten in der Landessprache. Die Gleichstellung der Geschlechter ist ein Grundprinzip, bei dem Frauen und Männer gleichermaßen an allen Aspekten des Ordenslebens teilnehmen. Das Reformjudentum legt großen Wert auf soziale Gerechtigkeit und Aktivismus und sieht die jüdische Mission darin, die Welt zu verbessern (Tikkun Olam).

Das rekonstruktivistische Judentum ist eine moderne amerikanische Bewegung, die Mitte des 20. Jahrhunderts von Rabbi Mordecai Kaplan gegründet wurde. Kaplan betrachtete das Judentum als eine sich fortschreitend entwickelnde Zivilisation, die nicht nur religiöse Überzeugungen und Praktiken, sondern auch Kultur, Ethik und Gemeinschaft umfasst. Rekonstruktivistische Juden glauben, dass jüdische Gesetze und Traditionen angepasst werden sollten, um den Bedürfnissen der heutigen Juden gerecht zu werden. Sie betrachten die Halacha als gemeinschaftlichen Leitfaden und nicht als eine Reihe göttlicher Gebote, und jede Gemeinschaft entscheidet, welche Praktiken sie anwendet. Rekonstruktivistische Synagogen legen Wert auf Inklusivität und Egalitarismus und heißen unterschiedliche Hintergründe und Perspektiven willkommen. Die Bewegung fördert den kreativen Ausdruck im Gottesdienst und ein starkes

Engagement für soziale Gerechtigkeit und gemeinschaftliche Verantwortung.

Jede Konfession innerhalb des Judentums bietet eine einzigartige Perspektive darauf, wie man ein jüdisches Leben in der modernen Welt führt. Während das orthodoxe Judentum sich strikt an traditionelle Gesetze und Rituale hält, strebt das konservative Judentum danach, Tradition mit modernen Werten in Einklang zu bringen. Das Reformjudentum betont ethische Prinzipien und individuelle Autonomie, während das rekonstruktivistische Judentum das Judentum als eine dynamische, sich entwickelnde Kultur betrachtet.

Trotz ihrer Unterschiede teilen alle diese Konfessionen gemeinsame Werte und Traditionen, die das jüdische Volk vereinen. Die zentralen Grundsätze des Glaubens an einen Gott, die Bedeutung der Thora und die Verpflichtung zu einem ethischen Leben sind grundlegend für alle jüdischen Bewegungen. Diese gemeinsamen Überzeugungen vermitteln ein Gefühl der Einheit und Kontinuität innerhalb der vielfältigen Landschaft des modernen Judentums.

Die Vielfalt des modernen Judentums ermöglicht es Einzelpersonen, eine Gemeinschaft zu finden, die ihren Überzeugungen und Praktiken entspricht und ein lebendiges und dynamisches jüdisches Leben fördert. Orthodoxe, konservative, reformierte und rekonstruktivistische Juden tragen alle zum reichen Spektrum des jüdischen Denkens, der jüdischen Kultur und der religiösen Praxis bei und stellen sicher, dass das Judentum in der heutigen Welt relevant und bedeutungsvoll bleibt.

Die verschiedenen Konfessionen innerhalb des Judentums spiegeln die unterschiedliche Art und Weise wider, wie Juden auf die Moderne reagiert haben und gleichzeitig bestrebt waren, ihre alten Traditionen aufrechtzuerhalten. Jede Bewegung bietet einen eigenen Ansatz für jüdische Gesetze,

Rituale und Gemeinschaftsleben und ermöglicht so ein breites Spektrum an Ausdrucksformen jüdischer Identität. Durch das Verständnis dieser Konfessionen gewinnen wir ein tieferes Verständnis für die Komplexität und den Reichtum des jüdischen Lebens und für die Art und Weise, wie es sich als Reaktion auf die sich verändernde Welt weiterentwickelt und anpasst.

Jüdische Identität in der heutigen Welt

Die jüdische Identität in der heutigen Welt ist vielfältig und dynamisch und spiegelt eine Mischung aus alten Traditionen und modernen Einflüssen wider. Es umfasst ein breites Spektrum an Überzeugungen, Praktiken und kulturellen Ausdrucksformen und macht es zu einer reichhaltigen und vielfältigen Erfahrung für Juden auf der ganzen Welt. Um zu verstehen, wie jüdische Identität heute ausgedrückt und erlebt wird, müssen religiöse Praktiken, kulturelle Traditionen, soziales und politisches Engagement sowie die

Herausforderungen und Chancen des Lebens in einer globalen Gesellschaft untersucht werden.

Einer der Kernaspekte der jüdischen Identität ist die Einhaltung religiöser Grundsätze, die zwischen Einzelpersonen und Gemeinschaften erheblich variieren. Für viele Juden sind religiöse Praktiken wie die Einhaltung des Sabbats, die Koscherhaltung und die Teilnahme an Synagogengottesdiensten von zentraler Bedeutung für ihre Identität. Diese Praktiken vermitteln ein Gefühl der Kontinuität mit früheren Generationen und eine Möglichkeit, mit der breiteren jüdischen Gemeinschaft in Kontakt zu treten. Die Synagoge spielt eine zentrale Rolle als Ort des Gottesdienstes, des Lernens und der sozialen Interaktion und trägt dazu bei, die jüdische Identität und die Bindungen zur Gemeinschaft zu stärken.

Neben religiösen Praktiken spielen auch kulturelle Traditionen eine wichtige Rolle bei der Gestaltung jüdischer Identität. Die Feier jüdischer Feiertage wie Chanukka, Pessach und Purim bringt Familien und Gemeinschaften zusammen, um historische Ereignisse zu gedenken und gemeinsame Erinnerungen zu teilen. Bei diesen Festen geht es oft um bestimmte Speisen, Rituale und Lieder, die über Generationen weitergegeben wurden und eine greifbare Verbindung zum jüdischen Erbe herstellen. Kulturelle Ausdrucksformen wie Musik, Literatur und Kunst bereichern die jüdische Identität zusätzlich und ermöglichen kreative Interpretationen und zeitgenössische Relevanz.

Jüdische Identität drückt sich auch durch soziales und politisches Engagement aus. Viele Juden engagieren sich aktiv für soziale Gerechtigkeit und stützen sich dabei auf die jüdischen Werte Tikkun Olam (Reparatur der Welt) und Tzedakah (Wohltätigkeit). Dieses Engagement kann verschiedene Formen annehmen, von der Unterstützung lokaler Wohltätigkeitsorganisationen bis hin zur Teilnahme an globalen humanitären Bemühungen. Jüdische Organisationen und

Institutionen spielen bei diesen Bemühungen oft eine entscheidende Rolle, indem sie Plattformen für kollektives Handeln und gemeinschaftliche Unterstützung bieten.

Das Leben in der Neuzeit bringt sowohl Herausforderungen als auch Chancen für die jüdische Identität mit sich. Eine Herausforderung ist die Frage der Assimilation, da Juden in vielen Ländern in multikulturellen Gesellschaften leben, in denen sie möglicherweise den Druck verspüren, sich der vorherrschenden Kultur anzupassen. Dies kann zu einer Verwässerung traditioneller Praktiken und einem Kampf um die Wahrung der Einzigartigkeit führen. Viele Juden meistern dies jedoch, indem sie ein Gleichgewicht zwischen der Integration in die Gesellschaft und der Bewahrung ihres einzigartigen Erbes finden. Beispielsweise könnten sie an allgemeinen Aktivitäten teilnehmen und gleichzeitig jüdische Schulen, Lager oder Gemeindezentren besuchen, die jüdische Werte und Identität stärken.

Ein weiterer wichtiger Aspekt der zeitgenössischen jüdischen Identität ist die Beziehung zum Staat Israel. Für viele Juden stellt Israel einen zentralen Bestandteil ihrer Identität dar und dient als spirituelle und kulturelle Heimat. Diese Verbindung kommt durch die Unterstützung Israels zum Ausdruck, sei es durch Fürsprache, Reisen oder Aliyah (Einwanderung nach Israel). Die Existenz Israels beeinflusst auch die jüdische Identität in der Diaspora, da Ereignisse und Richtlinien im Zusammenhang mit Israel Einfluss darauf haben können, wie Juden wahrgenommen werden und wie sie sich selbst wahrnehmen.

Technologie und Globalisierung haben die jüdische Identität in der heutigen Welt weiter verändert. Das Internet und die sozialen Medien haben es Juden leichter gemacht, miteinander in Kontakt zu treten, auf religiöse und kulturelle Ressourcen zuzugreifen und sich an virtuellen Gemeinschaften zu beteiligen. Online-Plattformen bieten Möglichkeiten zum Lernen, Beten und Diskutieren und ermöglichen es Juden unterschiedlicher Herkunft und Herkunft, ihre Erfahrungen und Erkenntnisse auszutauschen. Diese digitale Konnektivität trägt dazu bei, die jüdische Identität zu bewahren und zu bereichern, insbesondere für diejenigen, die möglicherweise keinen Zugang zu einer örtlichen jüdischen Gemeinde haben.

Bildung ist nach wie vor ein Eckpfeiler der jüdischen Identität. Jüdische Tagesschulen, Jeschiwas und Universitäten bieten Räume zur Vertiefung religiöser Kenntnisse, zur Erkundung des kulturellen Erbes und zur Förderung kritischen Denkens. Auch informelle Bildung wie Jugendbewegungen, Sommercamps und Geburtsrechtsreisen nach Israel spielen eine entscheidende Rolle bei der Gestaltung der jüdischen Identität. Diese Erfahrungen hinterlassen oft bleibende Eindrücke und helfen jungen Juden, ein starkes Zugehörigkeitsgefühl und Stolz auf ihr Erbe zu entwickeln.

Die heutige jüdische Erfahrung ist auch durch ein erhöhtes Bewusstsein und eine erhöhte Wertschätzung der Vielfalt innerhalb der jüdischen Gemeinschaft gekennzeichnet. Juden haben unterschiedliche ethnische Hintergründe, darunter Aschkenasen, Sepharden, Mizrahi, Äthiopier und andere, jede mit ihren einzigartigen Traditionen und Geschichten. Diese Vielfalt wird gewürdigt und in das umfassendere Verständnis der jüdischen Identität integriert, wodurch das Gemeinschaftsgefüge bereichert und ein integrativeres Umfeld gefördert wird.

In den letzten Jahren hat es eine zunehmende Anerkennung verschiedener Möglichkeiten gegeben, jüdische Identität jenseits traditioneller religiöser Rahmen auszudrücken und zu erleben. Säkulare und kulturelle Juden können beispielsweise in der jüdischen Geschichte, Literatur, Ethik oder sozialen Gerechtigkeit einen Sinn finden, ohne sich unbedingt an religiöse

Praktiken zu halten. Dieses breitere Verständnis der jüdischen Identität ermöglicht einen umfassenderen und flexibleren Ansatz, der den unterschiedlichen Arten Rechnung trägt, wie sich Einzelpersonen mit ihrem Jüdischsein verbinden.

Auch interreligiöse Beziehungen und Familien tragen zur sich entwickelnden Landschaft der jüdischen Identität bei. Diese Beziehungen können neue Perspektiven und Praktiken in das jüdische Leben bringen, die Gemeinschaft bereichern und gleichzeitig Fragen zu Kontinuität und Tradition aufwerfen. Viele jüdische Gemeinden und Organisationen entwickeln Strategien zur Aufnahme und Unterstützung interreligiöser Familien und stellen sicher, dass sie sich im größeren jüdischen Kontext einbezogen und wertgeschätzt fühlen.

Die jüdische Identität in der heutigen Welt ist eine komplexe und dynamische Mischung aus Religion, Kultur, sozialem Handeln und persönlicher

Erfahrung. Sie kommt durch religiöse Bräuche, kulturelle Traditionen, soziales und politisches Engagement sowie Bildungsbemühungen zum Ausdruck, die alle zu einer reichen und vielschichtigen Identität beitragen. Die Herausforderungen der Assimilation, der Einfluss Israels, der technologische Fortschritt und die Anerkennung der Vielfalt prägen alle die Art und Weise, wie Juden heute ihre Identität erleben und zum Ausdruck bringen. Während sich jüdische Gemeinden weiterhin mit diesen Komplexitäten auseinandersetzen, tun sie dies mit einem tiefen Sinn für Kontinuität und Anpassungsfähigkeit und stellen so sicher, dass die jüdische Identität auch in der Neuzeit lebendig und relevant bleibt.

Herausforderungen und Chancen für das Judentum heute

Das heutige Judentum steht vor einer Vielzahl von Herausforderungen, die auch Chancen für Wachstum und Erneuerung innerhalb der jüdischen Gemeinschaft bieten. Eine große Herausforderung ist die Frage der Assimilation. In vielen Teilen der Welt leben Juden in multikulturellen Gesellschaften, in denen die vorherrschende Kultur ihre Traditionen und Praktiken beeinflussen kann. Dies kann zu einer Schwächung der jüdischen Identität führen, insbesondere bei jüngeren Generationen, die sich möglicherweise stärker mit umfassenderen gesellschaftlichen Normen verbunden fühlen als mit ihrem jüdischen Erbe. Allerdings bietet diese Herausforderung auch eine Chance für jüdische Gemeinden, neue Wege zu finden, um mit jüngeren Mitgliedern in Kontakt zu treten und Kontakte zu knüpfen, um jüdische Traditionen in zeitgenössischen Kontexten relevant und bedeutungsvoll zu machen.

Eine weitere Herausforderung ist die Zunahme von Antisemitismus in verschiedenen Formen, darunter Hassreden, Gewalt und Diskriminierung. Dieses Wiederaufleben antisemitischer Vorfälle kann für jüdische Einzelpersonen und Gemeinschaften eine Atmosphäre der Angst und Unsicherheit schaffen.

Dennoch bietet es auch eine Gelegenheit zur Solidarität und Fürsprache. Jüdische Organisationen und Verbündete können zusammenarbeiten, um Antisemitismus durch Bildung, Gesetzgebung und Öffentlichkeitsarbeit zu bekämpfen und so mehr Verständnis und Toleranz zu fördern.

Mischehen sind innerhalb der jüdischen Gemeinschaft ein komplexes Thema. Während interreligiöse Ehen das jüdische Leben bereichern können, indem sie unterschiedliche Perspektiven und Traditionen einbringen, werfen sie auch Fragen nach Kontinuität und Identität auf. Einige befürchten, dass Mischehen zu einer Verwässerung jüdischer Praktiken und Überzeugungen führen könnten. Diese Herausforderung kann jedoch in eine Chance verwandelt werden, indem integrative Ansätze entwickelt werden, die interreligiöse Familien willkommen heißen und ihre aktive Teilnahme am jüdischen Leben fördern. Durch die Schaffung eines unterstützenden Umfelds und die Bereitstellung von Ressourcen für interreligiöse

Familien können jüdische Gemeinden sicherstellen, dass die jüdische Identität stark und lebendig bleibt.

Der rasante technologische Fortschritt stellt das Judentum vor Herausforderungen und Chancen zugleich. Einerseits kann Technologie zu einer Abkoppelung von traditionellen Gemeinschaftspraktiken und persönlichen Interaktionen führen. Andererseits bietet Technologie innovative Möglichkeiten, sich mit jüdischen Lehren auseinanderzusetzen und mit anderen Juden weltweit in Kontakt zu treten. Online-Plattformen für Lernen, Gebet und Gemeinschaftsaufbau können jüdische Praktiken für diejenigen zugänglicher machen, die möglicherweise keine jüdische Gemeinde vor Ort haben. Virtuelle Gemeinschaften können Unterstützung und Verbindung bieten und so das Zugehörigkeitsgefühl auch in abgelegenen Gebieten fördern.

Eine weitere große Herausforderung ist die Notwendigkeit, Tradition und Moderne in Einklang zu bringen. Mit der Weiterentwicklung der Gesellschaft entwickeln sich auch die Probleme und Fragen, mit denen Juden in ihrem täglichen Leben konfrontiert sind. Es besteht oft ein Spannungsverhältnis zwischen der Beibehaltung traditioneller Praktiken und der Anpassung an zeitgenössische Werte und Normen. Diese Herausforderung ist jedoch auch eine Chance für dynamisches Wachstum. Jüdisches Recht und jüdische Tradition erforderten schon immer Interpretation und Anpassung, und dieser Prozess setzt sich bis heute fort. Durch eine sorgfältige Auseinandersetzung mit modernen Themen können jüdische Gelehrte und Gemeinschaften Wege finden, Grundwerte aufrechtzuerhalten und gleichzeitig in der modernen Welt relevant zu bleiben.

Jüdische Bildung ist für den Fortbestand der jüdischen Identität von entscheidender Bedeutung, steht jedoch vor Herausforderungen wie Erschwinglichkeit und Zugänglichkeit. Vielen jüdischen Familien fällt es schwer, sich die Studiengebühren für jüdische Tagesschulen zu leisten oder an jüdischen Bildungsprogrammen teilzunehmen. Um dieser Herausforderung zu begegnen, müssen nachhaltige Finanzierungsmodelle gefunden und integrative Bildungsangebote geschaffen werden, die ein breiteres Publikum erreichen können. Die Betonung der Bedeutung des lebenslangen Lernens und das Angebot verschiedener Bildungsformate, von der formellen Schulbildung bis hin zu informellen Gemeinschaftsprogrammen, können jüdisches Wissen und Engagement über Generationen hinweg stärken.

Die Beziehung zwischen Israel und den jüdischen Gemeinden in der Diaspora ist ein weiterer Bereich, der sowohl Herausforderungen als auch Chancen bietet. Während Israel für viele einen zentralen Platz in der jüdischen Identität einnimmt, können unterschiedliche Perspektiven auf die israelische Politik und Politik zu Spaltungen innerhalb der globalen jüdischen Gemeinschaft führen. Diese Unterschiede können eine Herausforderung sein, bieten aber auch die Möglichkeit für einen offenen Dialog und gegenseitiges Verständnis. Die Stärkung der Verbindungen durch Besuche, Bildungsaustausch und Gemeinschaftsprojekte kann dazu beitragen, Lücken zu schließen und das Gefühl gemeinsamer Ziele und Solidarität zu fördern.

Umweltverträglichkeit ist ein wachsendes Anliegen, das sich mit den jüdischen Werten der Verantwortung und Fürsorge für die Welt überschneidet. Die Bewältigung von Umweltproblemen aus jüdischer Sicht kann zum Handeln und Engagement innerhalb der Gemeinschaft anregen. Auf Nachhaltigkeit ausgerichtete Initiativen wie Gemeinschaftsgärten, Energiesparprogramme und Aufklärungskampagnen über Umweltverantwortung können Juden dazu mobilisieren, einen positiven Beitrag zu den globalen Bemühungen zur Erhaltung des Planeten zu leisten.

Die Entwicklung von Führungskräften ist für die Zukunft jüdischer Gemeinden von entscheidender Bedeutung. Es ist eine große Herausforderung sicherzustellen, dass es fähige und inspirierte Führungskräfte gibt, die Gemeinden durch die sich verändernden Zeiten führen können. Investitionen in Führungskräfteschulungsprogramme, die Betreuung junger Führungskräfte und die Förderung vielfältiger Stimmen in Führungspositionen können einen robusten Rahmen für gemeinschaftliches Wachstum und Widerstandsfähigkeit schaffen. Durch die Stärkung einer neuen Generation von Führungskräften können jüdische Gemeinden die Herausforderungen der Gegenwart mit Innovation und Stärke meistern.

Soziale Gerechtigkeit bleibt ein zentraler Grundsatz jüdischer Ethik, und die Auseinandersetzung mit Fragen der sozialen Gerechtigkeit bietet Juden die

Möglichkeit, ihre Werte auf sinnvolle Weise zu leben. Ob durch den Einsatz für Menschenrechte, die Unterstützung marginalisierter Gemeinschaften oder die Beteiligung an globalen humanitären Bemühungen – jüdische Initiativen für soziale Gerechtigkeit können erhebliche Auswirkungen haben. Durch die Verbindung dieser Bemühungen mit jüdischen Lehren und Traditionen kann die Gemeinschaft zu mehr Beteiligung anregen und ein Gefühl der kollektiven Verantwortung fördern.

Die Herausforderungen, denen sich das Judentum heute gegenübersieht; Assimilation, Antisemitismus, Mischehen, technologische Veränderungen, die Balance zwischen Tradition und Moderne, Zugänglichkeit von Bildung, die Beziehung zwischen Israel und der Diaspora, ökologische Nachhaltigkeit, Führungsentwicklung und soziale Gerechtigkeit sind von Bedeutung. Allerdings bietet jede Herausforderung auch einzigartige Chancen für Wachstum, Erneuerung und Engagement. Durch die Bewältigung dieser

Herausforderungen mit Kreativität, Inklusivität und einem Bekenntnis zu Grundwerten kann die jüdische Gemeinschaft in der heutigen Welt gedeihen und eine lebendige und bedeutungsvolle Zukunft für kommende Generationen sicherstellen.

ABSCHLUSS

Der Weg des jüdischen Lernens ist ein lebenslanges Unterfangen, das Geist und Seele bereichert. Das Judentum legt großen Wert auf die Bedeutung von Bildung und kontinuierlichem Lernen. Dieses Engagement für das Lernen zeigt sich in der Wertschätzung, die der Thora, dem Talmud und zahlreichen anderen Texten beigemessen wird, die das Rückgrat des jüdischen Denkens und Rechts bilden. Die Tradition des Studiums beschränkt sich nicht nur auf religiöse Texte, sondern erstreckt sich auf alle Wissensbereiche und spiegelt einen ganzheitlichen Lernansatz wider, der die jüdische Kultur und Identität über Jahrhunderte hinweg bewahrt hat.

Im Judentum wird das Streben nach Wissen als göttliches Gebot angesehen, als eine Möglichkeit, sich mit Gott zu verbinden und die Welt zu verstehen. Die Thora, oft als „Baum des Lebens" bezeichnet, ist der Ausgangspunkt dieser Reise. Die

Erforschung hört jedoch nicht bei der Thora auf. Der Talmud, ein umfangreiches Kompendium rabbinischer Diskussionen und Interpretationen, lädt den Leser ein, tiefer in die Komplexität des jüdischen Rechts und der jüdischen Ethik einzutauchen. Das Studium dieser Texte fördert kritisches Denken, Debatten und ein tieferes Verständnis jüdischer Werte und Prinzipien.

Jüdisches Lernen ist nicht auf die Wände eines Klassenzimmers oder einer Synagoge beschränkt. Es handelt sich um einen dynamischen und interaktiven Prozess, der in Häusern, Gemeinden und überall dort stattfindet, wo Juden zusammenkommen. Die Tradition des Lernens wird von Generation zu Generation weitergegeben, oft durch Geschichten, Diskussionen und Fragen. Eltern unterrichten ihre Kinder, die wiederum ihre eigenen Kinder unterrichten und so eine kontinuierliche Wissens- und Traditionskette schaffen. Diese generationsübergreifende

Weitergabe stellt sicher, dass das jüdische Erbe lebendig und relevant bleibt.

Einer der schönen Aspekte des jüdischen Lernens ist seine Inklusivität. Es lädt jeden zum Mitmachen ein, unabhängig von Alter, Hintergrund oder Wissensstand. Egal ob man ein Kind ist, das gerade erst mit dem Erlernen des Aleph-Bet beginnt, oder ein Erwachsener, der talmudische Debatten studiert, es gibt immer etwas Neues zu entdecken. Diese Inklusivität fördert ein Gemeinschaftsgefühl und ein gemeinsames Ziel, da jeder zum gemeinsamen Streben nach Wissen beiträgt und davon profitiert.

Darüber hinaus ist jüdisches Lernen kein einsames Unterfangen. Es findet oft im gemeinschaftlichen Rahmen statt, wo die Lernenden miteinander diskutieren und debattieren. Bei dieser Methode, die als Chavruta bekannt ist, arbeiten Studierende zusammen, um Texte zu analysieren und zu interpretieren. Der Prozess des Hinterfragens, Herausforderns und Verteidigens von Ideen schärft das Verständnis und vertieft Verbindungen. Es ist eine starke Erinnerung daran, dass Lernen eine gemeinschaftliche Verantwortung und gemeinsame Freude ist.

In der heutigen Welt hat die Technologie neue Wege für das jüdische Lernen eröffnet. Online-Kurse, virtuelle Lerngruppen und digitale Bibliotheken ermöglichen den Zugriff auf jüdische Texte und Lehren von überall auf der Welt. Diese Ressourcen haben die Reichweite der jüdischen Bildung erweitert und sie zugänglicher gemacht als je zuvor. Dieser technologische Fortschritt stellt sicher, dass die Reise des jüdischen Lernens unabhängig von geografischen oder physischen Einschränkungen fortgesetzt werden kann.

Das Studium der jüdischen Tradition und Kultur bietet auch eine tiefe Verbindung zur jüdischen Geschichte und zum jüdischen Erbe. Wenn wir etwas über das Leben, die Kämpfe und die Erfolge derer erfahren, die vor uns kamen, wecken wir ein

Gefühl von Stolz und Kontinuität. Es hilft uns zu verstehen, woher wir kommen und prägt unsere Identität und Werte. Dieses historische Bewusstsein ist entscheidend für die Bewahrung des Reichtums und der Vielfalt der jüdischen Kultur.

Die Beschäftigung mit jüdischem Lernen stattet den Einzelnen auch mit den Werkzeugen aus, mit denen er die Herausforderungen der Gegenwart meistern kann. Durch die Verankerung in der jüdischen Ethik und den jüdischen Werten können die Lernenden moderne Probleme mit Weisheit und Mitgefühl angehen. Ob es um Fragen der Moral, der sozialen Gerechtigkeit oder persönlicher Dilemmata geht, die Erkenntnisse aus der jüdischen Forschung bieten Orientierung und Klarheit.

Darüber hinaus fördert jüdisches Lernen eine lebenslange Neugier und Liebe zur Weisheit. Es fördert einen offenen und neugierigen Geist, der immer danach strebt, mehr zu lernen und tiefer zu verstehen. Diese intellektuelle Neugier erstreckt sich über religiöse Texte hinaus auf alle Wissensgebiete und spiegelt den Respekt vor der Weite des menschlichen Verständnisses wider. Es ist eine Erinnerung daran, dass Lernen eine Reise ohne Ende ist, die sich ständig weiterentwickelt und erweitert.

Wenn Sie Ihre Reise des jüdischen Lernens beginnen oder fortsetzen, werden Sie ermutigt, diese mit offenem Herzen und offenem Geist anzugehen. Der Studienweg ist voller Fragen, Herausforderungen und Momente der Offenbarung. Es ist eine Reise, die Hingabe, Geduld und die Bereitschaft erfordert, sich intensiv mit dem Material auseinanderzusetzen. Aber es ist auch eine Reise, die immense Belohnungen bietet, das Leben bereichert und die Verbindung zur jüdischen Gemeinschaft und zum jüdischen Erbe stärkt.

Bei der weiteren Reise des jüdischen Lernens geht es nicht nur um den Erwerb von Wissen; es geht um Transformation. Es prägt, wer wir sind, wie wir die

Welt sehen und wie wir unser Leben leben. Es verbindet uns mit unseren Wurzeln und befähigt uns gleichzeitig, eine sinnvolle Zukunft aufzubauen. Durch Lernen ehren wir die Vergangenheit, beschäftigen uns mit der Gegenwart und bereiten uns auf die Zukunft vor, um sicherzustellen, dass die Weisheit des Judentums weiterhin unseren Weg erhellt.

Die Bedeutung kontinuierlichen Lernens und Forschens für das Verständnis des Judentums kann nicht genug betont werden. Es ist ein grundlegender Aspekt des jüdischen Lebens, der den Glauben, die Kultur und die Identität des jüdischen Volkes erhält. Durch die Teilnahme an dieser Reise tragen Einzelpersonen zu einer lebendigen und dauerhaften Tradition des Wissens und der Weisheit bei. Während die Leser ihr Studium der jüdischen Tradition und Kultur fortsetzen, lernen sie nicht nur etwas über das Judentum; Sie werden zu einem integralen Bestandteil seiner lebendigen, atmenden Geschichte.

www.ingramcontent.com/pod-product-compliance
Lightning Source LLC
Chambersburg PA
CBHW061623250726
48659CB00004B/1067